La civilización sumeria

Una apasionante visión general de Sumeria y los antiguos sumerios

Tabla de contenidos

Introducción

Casi todos llevamos dentro una pizca de espíritu aventurero. Ansiamos investigar lo misterioso, lo distante, lo desconocido. Pocos de nosotros tendremos alguna vez la oportunidad de llevar a la práctica físicamente esas aspiraciones. Por suerte, las vidas ajetreadas, tecnificadas y comercializadas en las que estamos inmersos también nos proporcionan los medios para satisfacer ese anhelo consciente o subconsciente.

A través de los libros y el cine, podemos satisfacer nuestra curiosidad y enriquecer nuestra mente. La historia en su conjunto, y la historia antigua en particular, es a menudo más misteriosa e inspiradora que la ficción. Sin embargo, el objetivo superior del aprendizaje de la historia es que, en última instancia, nos enseñe a no repetir los errores del pasado de la humanidad.

Los métodos modernos de cooperación entre muchos campos diferentes de la ciencia han aclarado muchos datos históricos antiguos, la mayoría de los cuales son relevantes hoy en día. Por ejemplo, el cambio climático es un problema acuciante en la actualidad. Paleobotánicos, arqueólogos y otros investigadores han descubierto que nuestros antepasados, sin industrialización ni contaminación a gran escala, se enfrentaron al cambio climático en varias ocasiones y volvieron a prosperar después.

Con este libro, queremos introducirlo en el mundo sorprendentemente sofisticado de los antiguos sumerios. Considerados durante siglos el primer pueblo que desarrolló la civilización, florecieron en los albores de la historia entre los ríos Éufrates y Tigris. Vivían, se alegraban, se entristecían y tenían miedo. Aprendieron, trabajaron, rindieron culto, lucharon e hicieron la paz. Inventaron soluciones prácticas y herramientas, desarrollaron ideas y explicaciones, y fabricaron productos a partir de materias primas sin ayuda externa ni conocimientos previos.

Los sumerios inventaron una lista de unas treinta y nueve «primicias» literalmente de la nada en un periodo relativamente breve. Resolvieron los retos de su sociedad mediante la innovación cuando surgió la necesidad. No solo debemos asombrarnos de su capacidad, sino también de que aún hoy utilicemos algunas de sus innovaciones, eso sí, modernizadas.

En los fértiles valles fluviales de todos los continentes surgieron antiguas civilizaciones. La más conocida de ellas es probablemente la antigua civilización egipcia del valle del Nilo. Algunas de estas civilizaciones decayeron, desaparecieron y cayeron en el olvido con el paso del tiempo, hasta que sus ruinas y artefactos fueron redescubiertos por casualidad, como los sumerios. En otros casos, el desciframiento de textos antiguos puso a los eruditos sobre la pista del descubrimiento, de nuevo como en el caso de los sumerios.

No se conoce con certeza la cronología exacta de los asentamientos sumerios y el desarrollo de soluciones innovadoras para facilitar sus vidas. Los estilos y la sofisticación en la fabricación de la cerámica se utilizan a menudo para determinar cronologías y cambios en la cultura durante la prehistoria en todo el Próximo Oriente antiguo. La cronología de la civilización sumeria se basa en información recopilada de múltiples yacimientos.

La datación por carbono 14 y otros métodos científicos modernos han confirmado algunos periodos. Existe poco consenso entre los eruditos sobre la cronología exacta de los acontecimientos, los inventos y la duración de los reinados. Por ello, no se han establecido cronologías exactas y siguen siendo motivo de desacuerdo. Hemos intentado ceñirnos a una cronología coherente, pero es importante tener en cuenta que esta cronología puede no coincidir exactamente con otras fuentes que haya leído antes. La falta de una cronología exacta forma parte de la intriga de los sumerios y proporciona material para especulaciones, teorías, aficionados serios a la historia e incluso ufólogos.

En el siglo XIX, los asiriólogos más atentos seguían la pista de una antigua civilización muy conocida, los asirios. Al investigar la cultura asiria, se percataron de la existencia de una cultura y un legado diferentes. Y así, se reveló el magnífico mundo de la antigua civilización sumeria. Los eruditos bíblicos y los arqueólogos no dejaron pasar la oportunidad de excavar en la tierra natal del patriarca bíblico y coránico Abraham. Para entonces, ya sabían que los caldeos de la Biblia fueron habitantes posteriores de aquella tierra.

Aún no sabemos lo suficiente sobre los sumerios, sobre todo si tenemos en cuenta que su civilización tuvo altibajos durante unos cuatro mil años. La mayor parte de nuestros conocimientos proceden de excavaciones arqueológicas y de tablillas de arcilla descifradas de la antigua biblioteca del rey Asurbanipal de Asiria en Nínive. Aquí y en otros lugares se descubrieron más de treinta mil tablillas cuneiformes de arcilla, muchas de las cuales aún no han sido descifradas. Las tablillas cuneiformes asirias estaban en varios idiomas y estilos, y entre ellas había léxicos, que pusieron a los eruditos en el camino para identificar las lenguas y empezar a descifrarlas.

Cuando el pueblo sumerio, que se autodenominaba «pueblo de cabeza negra», llegó a la tierra que más tarde se convertiría en Sumer, en el sur de Mesopotamia, había otros grupos de pueblos nómadas y seminómadas que vivían entre los ríos Tigris y Éufrates y por todo el antiguo Próximo Oriente. Su procedencia sigue desconcertando a los académicos. Su genealogía aún no se ha desentrañado a pesar de los más de 140 años de excavaciones y análisis lingüísticos realizados por numerosos eruditos y sumerólogos.

Como los sumerios inventaron la escritura y más tarde registraron la historia, los mitos y las creencias de generaciones anteriores a partir de transmisiones orales, tenemos sus propias interpretaciones y explicaciones. ¿En qué creían? ¿Cómo explicaban la existencia humana y el propósito de la vida? ¿Cómo explicaban los fenómenos naturales?

Las hipótesis sobre el origen de los sumerios son muy variadas, y las teorías y conclusiones abarcan muchas posibilidades geográficas. Podrían proceder del Levante, Anatolia, los montes Zagros, la antigua Asia oriental, el valle del Indo o algún lugar del océano Índico. Los análisis genéticos de antiguos esqueletos mesopotámicos que comparan el ADN con el de los modernos árabes de las marismas del sur de Irak confirmaron que están estrechamente emparentados. Los esqueletos de las excavaciones realizadas en Ur por el difunto Leonard Wooley fueron descubiertos recientemente, después de casi un siglo, en contenedores aún sin embalar. Es de esperar que el ADN de estos esqueletos identifique por fin el origen de los sumerios con un grado de certeza razonable.

Capítulo 1 - El periodo Ubaid

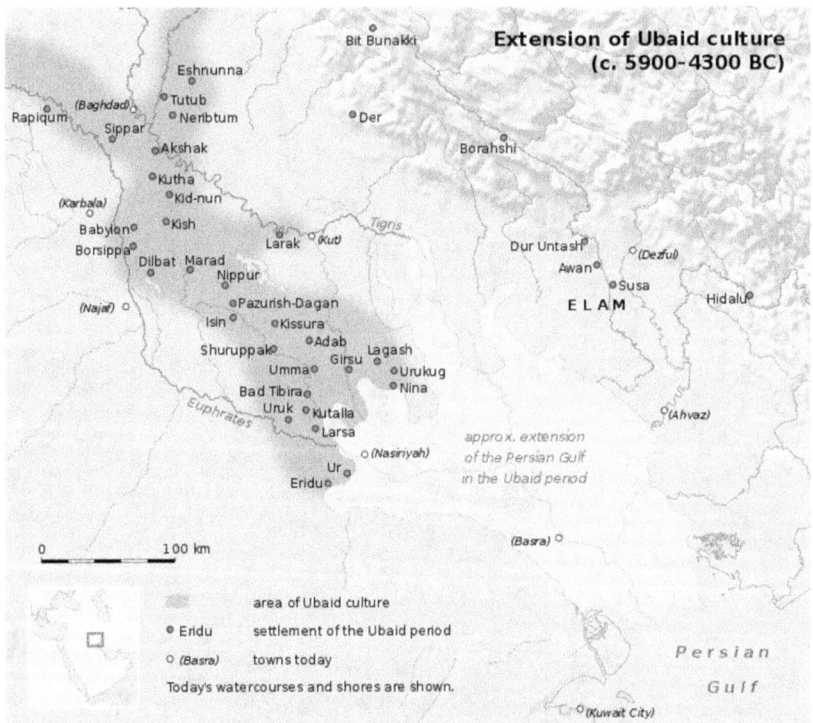

Mapa de los yacimientos de la cultura Ubaid

Mapa Ubaid culture-en.svg: NordNordWestderivative work: Rowanwindwhistler, CC BY-SA 4.0 https://creativecommons.org/licenses/by-sa/4.0 vía Wikimedia Commons; https://commons.wikimedia.org/wiki/File:Map_Ubaid_culture-es.svg

Cómo empezó

No existe una cronología universalmente aceptada de los asentamientos en la antigua Mesopotamia, pero los expertos coinciden en que los cazadores-recolectores seminómadas se asentaron en Mesopotamia entre el 10.000 y el 8.000 a. C. aproximadamente. Hay indicios de palmeras datileras cultivadas incluso antes del 10.000 a. C. en el sur, donde más tarde se fundaría Sumer. Los orígenes exactos de estos grupos de pueblos prehistóricos y el posterior desarrollo de la cultura Ubaid están tan entrelazados con el resto del Cercano Oriente antiguo que los expertos coincidieron en un taller celebrado en 2006 en que surgió de una herencia mixta difundida pacíficamente a través de interrelaciones. Los primeros asentamientos estaban formados por grupos nómadas y seminómadas que iniciaron actividades agrícolas en asentamientos estacionales.

Los principales arqueólogos e historiadores creen que los asentamientos mesopotámicos, que más tarde se convirtieron en aldeas, ciudades y civilizaciones, se produjeron primero en el norte y luego se desplazaron hacia el sur. Otros académicos e investigadores igualmente cualificados han postulado que la cultura Ubaid, como precursora de la cultura sumeria del sur de Mesopotamia, comenzó en la región del golfo Arábigo y desde allí se extendió hacia el norte. Esta propagación de sur a norte y hacia el exterior parece la conclusión más lógica. Lo cierto es que la cultura Ubaid está presente en todo el Creciente Fértil, y las cronologías se ven continuamente retrasadas y a veces adelantadas por los nuevos descubrimientos.

En el yacimiento neolítico de Jarmo, en el noreste de Mesopotamia (Irak), hay indicios de cultivos de trigo y cebada que datan de entre el 8000 y el 7000 a. C. En esta época, en Halaf (hoy en Siria) y Samarra (hoy en Irak) se desarrollaron nuevas culturas y se inventó la cerámica en las zonas del Alto y Medio Éufrates. Estos seminómadas también trajeron consigo animales domésticos como ovejas, cabras, vacas y cerdos. Se cree que algunos procedían de la región de los montes Zagros, donde la domesticación de animales comenzó antes.

Identificación de las zonas de asentamiento

El primer periodo sedentario característico de Sumer se conoce como periodo Ubaid por Tell al-'Ubaid. Este importante tell fue descubierto a seis kilómetros al norte de la gran ciudad antigua de Uruk.

Tribus seminómadas semitas y de otros grupos étnicos ya estaban asentadas en algunas de estas zonas cuando los sumerios o «los cabezas negros» llegaron al sur de Mesopotamia. Estos pueblos se autodenominaron «gente de cabeza negra» en textos posteriores, después de que inventaran un sistema de escritura, el primero que conocemos en el mundo.

En algún momento, los colonos empezaron a fabricar vasijas de barro para uso doméstico, como platos, cuencos y recipientes para almacenar alimentos. Estas vasijas de arcilla se cocían ligera o completamente y eran de color beige o verdoso. Se decoraban con líneas geométricas negras, marrones o moradas. Se conoce como cerámica de estilo Hassuna por el yacimiento donde se descubrió por primera vez en el norte de Mesopotamia.

Entre el 6500 y el 5000 a. C., los asentamientos continuaron extendiéndose. Hacia el 6.000 a. C. había indicios de la existencia de comunidades agrícolas sedentarias que dependían de la irrigación en lugar de la lluvia para el cultivo en el sur más árido de Mesopotamia, hacia el golfo Pérsico. Cultivaban la tierra, criaban animales domésticos y pescaban en los ríos y el mar. Algunos arqueólogos sostienen que estos estilos de vida representan a tres grupos étnicos diferentes: los que cultivaban la tierra, los que se dedicaban a la ganadería y los que pescaban en las marismas.

La cultura material del periodo Ubaid en la mayor parte del Creciente Fértil varía en duración. En el sur de Mesopotamia, la cultura Ubaid está fechada aproximadamente entre el 6500 a. C. y el 3800 a. C. (o el 4000 a. C. según algunos) y entre el 5300 a. C. y el 3900 a. C. según otros. Debido a la extensión del periodo Ubaid, los arqueólogos lo han dividido en seis etapas, de Ubaid 0 a Ubaid 5.

La datación y la propagación de las influencias Ubaid por todo el Levante se identifican principalmente a través de estilos de cerámica, pruebas culturales similares y periodos de tiempo relacionados. Como ya se ha mencionado, los expertos no se ponen de acuerdo sobre si la cultura Ubaid se extendió desde el norte de Mesopotamia hacia el sur o de sur a norte.

El asentamiento Ubaid más antiguo del sur de Mesopotamia descubierto hasta la fecha es un pequeño tell cercano a Larsa llamado

Tell el-'Oueili, que data de 6500 a. C. a 5400 a. C. Fue descubierto por André Parrot y excavado entre 1976 y 1989 por el arqueólogo francés Jean-Louis Huot.

Este descubrimiento retrasó la cronología del periodo Ubaid y obligó a añadir Ubaid 0 a la cronología ya establecida de Ubaid 1 a Ubaid 5. La mayoría de los yacimientos mesopotámicos más antiguos se encuentran en el sur, donde ya se habían asentado otros grupos. Hasta la fecha, no existe consenso entre los expertos sobre los orígenes de los pueblos, las fechas de asentamiento y cómo o por qué florecieron las primeras culturas sedentarias en las llanuras aluviales del sur, más árido.

La zona es pobre en recursos naturales como minerales y madera, y la crecida de los ríos es impredecible e inoportuna para los cultivos, lo que hace necesario el riego. Y, sin embargo, puede que fueran estas difíciles circunstancias las que impulsaron el desarrollo de excelentes y asombrosas innovaciones. Los habitantes utilizaban lo que tenían a mano, innovaban hábilmente la tecnología cuando era necesario e incluso fabricaban hoces de barro cocido para cosechar. La fauna y la flora indican que los agricultores de este primer yacimiento Ubaid de Tell el-'Oueili utilizaban animales de tiro (bueyes) y dependían de cultivos como la cebada, que podía tolerar la salinidad del limo aluvial.

Los siguientes periodos Ubaid son típicos de una sociedad en desarrollo, en la que cada nuevo estilo conduce al siguiente. Naturalmente, la sociedad igualitaria se adaptó, ya que el pueblo necesitaba un grupo de personas con capacidad de organización y supervisión para los proyectos comunales, como la construcción y el mantenimiento de canales. Esto, a su vez, dio lugar a una diferenciación social y, con el tiempo, a estructuras de clase y divisiones laborales.

Las casas se construían con adobes y paja o cañas. Las viviendas tripartitas solían construirse en torno a una casa más grande con varias habitaciones, situada en el centro, que formaba una aldea central alrededor de la cual se desarrollaban aldeas más pequeñas. Es posible que la aldea principal se convirtiera entonces en la fuerza dirigente, y que las aldeas secundarias estuvieran subordinadas a ella en la toma de decisiones y la distribución del trabajo.

Cabe imaginar la cantidad de mano de obra necesaria para el mantenimiento de los canales, que debían de estar plagados de sedimentos provocados por las crecidas de los ríos. Las innovaciones de esta fase no solo facilitaron las actividades agrícolas intensivas en mano de obra. También se mejoraron las canoas y las redes para los pescadores de las marismas.

La organización de los asentamientos llevó a la construcción de centros comunales, con énfasis en los edificios religiosos. Los centros religiosos se convirtieron en los centros de las aldeas, cada una de las cuales tenía su propia deidad patrona. Al igual que las casas, estos edificios estaban construidos con adobes y cañas o paja recubierta de arcilla.

Los orígenes de Eridu

Durante mucho tiempo, investigadores, historiadores y arqueólogos creyeron que la primera ciudad de Sumer fue Eridu. Esta suposición parecía estar confirmada por antiguos textos sumerios que describían las creencias sumerias sobre el principio del mundo. Los sumerios creían que las deidades eligieron la ciudad más antigua cuando decidieron traer la realeza a la Tierra. La deidad principal, Enki, habría construido su templo en Eridu. Solo más tarde, con métodos de datación más modernos, se descubrió que la ciudad de Uruk era anterior a Eridu. No obstante, el yacimiento arqueológico de Eridu nos proporciona el registro de desarrollo cultural mejor ilustrado de la época.

Eridu fue una de las cinco ciudades anteriores al Diluvio Universal de los mitos sumerios. Curiosamente, este mito del Diluvio Universal es muy similar al del Diluvio Universal bíblico descrito en el Génesis. Un renombrado sumerólogo, Thorkild Jacobsen, bautizó el mito sumerio de la creación como el *Génesis de Eridu*. Las excavaciones realizadas en Sumeria, en la antigua ciudad de Ur, confirmaron la existencia de una capa muy gruesa de lodo con señales de habitación debajo, de la época anterior al diluvio.

La ciudad de Eridu estaba situada en el golfo Arábigo y era la más meridional de Sumer. La primera fase de asentamiento del yacimiento de Eridu se remonta al año 5400 a. C. aproximadamente. El tell principal tiene ocho capas. El zigurat de Eridu se reconstruyó diecisiete veces, cada vez más grande y elaborado, hasta que representó el estilo común de los templos posteriores. Este estilo común es un edificio tripartito sobre una plataforma que consiste en una sala rectangular larga con habitaciones que salen de los lados largos. La sala central tenía un altar, y en la pared había un nicho para una estatua de la deidad patrona local; en el caso de Eridu, habría sido Enki.

La aldea original de Eridu se convirtió en un pueblo y luego en una ciudad con aldeas circundantes durante y después del periodo Ubaid, a pesar del suelo propenso a la salinidad, que limitaba su poderío agrícola. En periodos posteriores, cuando la ciudad se volvió inhabitable, se siguió utilizando como centro de culto hasta casi el final del I milenio a. C. La ciudad fue abandonada y tomada por las dunas arenosas y el cieno, pero el zigurat seguía funcionando. Los restos de construcción de un pequeño yacimiento cercano sugieren que los sacerdotes que se ocupaban del templo podrían haber vivido allí.

Durante la fase Eridu del periodo Ubaid, otro grupo étnico con su propia cultura distintiva procedente de otro asentamiento del sur pasó a formar parte de la población de Eridu. El segundo periodo de la cultura de Eridu se denomina fase Hadji Muhammed, en honor a este grupo, y data aproximadamente del 4800 a 4500 a. C. En la fase Ubaid 2 se produjo un gran crecimiento de los asentamientos y la agricultura.

Los grandes canales y acequias con diques y compuertas impulsaron el aumento de la producción de alimentos, lo que permitió mantener a comunidades más grandes y almacenar los excedentes de las cosechas. El crecimiento de la población permitió canalizar la atención hacia otras ocupaciones. A través del comercio, los sumerios pudieron suplir su falta de recursos naturales y materias primas, que incluían ciertos minerales, obsidiana y madera. Esto, a su vez, dio lugar a otras innovaciones. Por ejemplo, los arados se equiparon posteriormente con filos metálicos obtenidos mediante el comercio.

Una organización y administración centralizadas fueron el resultado natural de esta evolución. Sin duda, los niveles sociales se vieron afectados y se impuso la estratificación de clases. Algunos expertos conjeturan que los jefes de familias extensas podrían haberse convertido en caciques locales. En ocasiones, estos cargos eran hereditarios. Al principio, los caciques actuaban principalmente como consejeros, gestionaban las disputas intercomunitarias y ejercían de jueces en sus comunidades.

Hay que mencionar que los primeros agricultores recurrían a estructuras familiares extensas para hacer frente a las actividades agrícolas que requerían mucha mano de obra. Durante el periodo Ubaid, la mano de obra ajena a la familia se hizo necesaria debido al aumento de la producción y la especialización en otras ocupaciones, como la fabricación de herramientas y la alfarería.

Estilos distintivos de cerámica descubiertos por los arqueólogos

La característica cerámica Ubaid, que da nombre a este periodo y que, a su vez, recibió su nombre del yacimiento donde se identificó por primera vez, estaba meticulosamente elaborada con arcilla de color claro. A veces solo se cocía ligeramente. A veces, la cerámica se cocía a fondo en hornos. En Tell al-'Ubaid se encontraron restos de hornos de este tipo.

La arcilla se secaba hasta adquirir un tono neutro o ligeramente verdoso y se decoraba con pintura negra, marrón o morada. La decoración pintada presenta líneas, formas geométricas, motivos florales y formas animales.

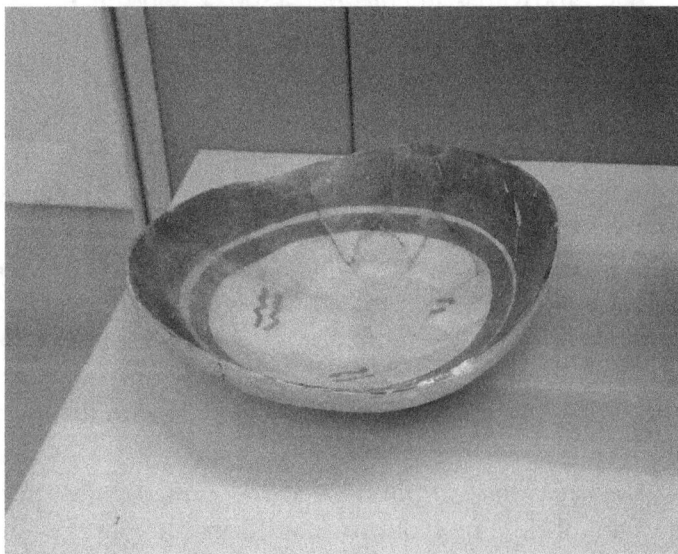

Plato pintado con diseños geométricos en pintura oscura. De Tell al-'Ubaid, periodo Ubaid tardío, c. 5200-4200 a. C.

Zunkir, CC BY-SA 4.0 https://creativecommons.org/licenses/by-sa/4.0 vía Wikimedia Commons; https://commons.wikimedia.org/wiki/File:Shallow_dish_-_Ubaid.jpg

Los objetos funerarios recuperados en Tell al-'Ubaid contenían platos, cuencos, pequeñas cráteras, vasijas en forma de vaso abierto con asas, fichas de arcilla y otros objetos. Más tarde se añadieron asas y pitorros a las cráteras más grandes. La decoración es menos elaborada que la de la anterior cerámica de estilo Halaf del norte de Mesopotamia, pero similar en estilo y ejecución. La pintura de las decoraciones se aplicaba a menudo mediante el método de corte con cuchilla.

Además de los objetos prácticos de barro, también había adornos y figurillas de barro. Tenían forma de animales y seres humanos — hombres y mujeres— con extraños rostros de lagarto.

En general, el periodo Ubaid trajo consigo el crecimiento de la población y el progreso en todas las esferas de la vida. Las aldeas, cada vez más grandes, se extendieron, con asentamientos más pequeños en las afueras y en las zonas circundantes. Las viviendas domésticas se construyeron con cañas y arcilla, y luego se pasó a las cañas recubiertas de arcilla y a las viviendas de adobe en el característico estilo tripartito. Este estilo se repitió en los edificios comunales y religiosos, como los característicos zigurats.

Capítulo 2 - El periodo de Uruk

La civilización sumeria comenzó oficialmente en el periodo de Uruk. Este periodo se caracterizó por un rápido desarrollo y numerosos cambios culturales y políticos. Los asentamientos fueron sustituidos por aldeas, que en algunos casos se convirtieron en ciudades. Se cree que en el periodo de Uruk aparecieron las primeras ciudades del mundo.

El periodo de Uruk puede dividirse en dos fases distintas. La primera se remonta al periodo comprendido entre 4000 y 3500 a. C. y la segunda entre 3500 y 3000 a. C.

Los sumerios llegaron probablemente durante el periodo Ubaid y se apoderaron de las aldeas ya desarrolladas. Los sumerios las convirtieron en asentamientos multifacéticos que consistían en aldeas, pueblos, centros urbanos e incluso ciudades.

El brazo oriental del Creciente Fértil termina en el sur de Mesopotamia (actual Irak). Como ya se ha mencionado, se desconocen los orígenes de los sumerios. Lo único que sabemos con certeza es que su lengua no guarda relación con ningún grupo lingüístico conocido y que su ADN es similar al de los habitantes actuales de las marismas del sur de Irak. Llamaron a su nuevo país Sumer (*Kengir* en sumerio), que significa «país de los nobles señores».

Los sumerios se consideran uno de los pueblos más inteligentes e innovadores del mundo antiguo por sus numerosos inventos y su capacidad para resolver problemas. Según los diccionarios, el concepto histórico de civilización es una sociedad caracterizada por centros urbanos desarrollados, éxito agrícola, una lengua escrita, un gobierno central o estatal, tecnologías desarrolladas y aplicadas, una ideología común y una cultura compartida. Los sumerios cumplían todos los requisitos, por lo que se considera que fueron la primera civilización de la historia.

Tras asentarse en el sur de Mesopotamia, los innovadores sumerios pronto inventaron o modificaron el arado, al que siguió la invención del arado sembrador. Este último arado podía distribuir las semillas uniformemente por el suelo arado. También podía ser tirado por un animal de tiro. Más tarde, tras la invención de la escritura, los sumerios elaboraron el primer manual de cultivo, con instrucciones en forma de carta de un padre a su hijo. Abarcaba todo el ciclo de cultivo: el cómo y el cuándo de cada paso, desde la planificación hasta la cosecha. Incluía consejos sobre lo que se debía tener cuidado, las tareas que se debían hacer, lo que no se debía hacer y cómo supervisar e instruir a un trabajador.

Durante el periodo de los primeros Uruk, los sumerios siguieron los pasos de sus predecesores en lo que a arquitectura se refiere. Utilizaron las viviendas tripartitas existentes en las que residían con sus familias extensas. Estas casas se agrupaban unas junto a otras y con el tiempo formaban una aldea. Se formaron pequeñas ciudades a medida que las aldeas empezaron a expandirse y a reunirse entre sí, y surgió una nueva estructura social.

Las excavaciones arqueológicas indican que Uruk se desarrolló a partir de dos asentamientos separados llamados Eanna y Kullaba, que crecieron en tamaño y se fusionaron para formar la primera ciudad (Uruk). Otras excavaciones en este yacimiento demostraron que la ciudad estaba rodeada por murallas de 9,5 kilómetros de largo y una superficie de 450 hectáreas. Se calcula que la población de esta época era de unas cincuenta mil personas.

Uruk fue considerada la más destacada de las ciudades mesopotámicas durante mil años. Las pruebas arqueológicas y los textos confirman que Uruk ejercía cierto control sobre los pueblos y ciudades más pequeños de los alrededores en lo que respecta al comercio y el poder político. Sin embargo, no está claro cómo se imponía el poder de Uruk, ya que la administración de la región estaba descentralizada y era gestionada por cada una de las ciudades más pequeñas.

¿Qué distinguía a Uruk de las demás ciudades?

Expertos e historiadores se preguntan a menudo por qué Uruk era una ciudad-estado tan dominante cuando la ciudad-estado de Ur estaba mejor situada geográficamente para conseguir poder económico a través del comercio. Ur estaba situada en un canal del río Éufrates y más al sur que Uruk. Estaba más cerca del golfo Pérsico, una puerta de acceso a los lucrativos mercados árabe y mediterráneo. Aún no hay consenso sobre esta cuestión.

El periodo de Uruk tardío

A medida que las cabeceras del golfo Pérsico retrocedían hacia el sur durante la época seca del periodo de Uruk tardío, las marismas se redujeron. Hubo que aumentar el riego de los campos agrícolas. Los ríos que constituían una fuente natural de irrigación empezaron a menguar debido a las graves sequías del norte, lo que dificultaba cada vez más la alimentación de la creciente población. Para solucionar este problema, los sumerios buscaron colonizar las zonas circundantes e incluso lejanas, lo que supuso otra primicia en la historia.

La colonización de las ciudades-estado vecinas, especialmente en la llanura de Susiana, se produjo entre el 3700 y el 3400 a. C. Las pruebas arqueológicas de los restos culturales, artefactuales, arquitectónicos y simbólicos confirman esta cronología y localización.

A lo largo del periodo de colonización, asentamientos más pequeños como Tell Brak y Hamoukar, en el norte de Mesopotamia, fueron colonizados por Uruk. Hamoukar se estableció al norte de Uruk durante el periodo de los primeros Uruk. Estas ciudades-estado formaban parte originalmente de las extensas rutas comerciales del betún y el cobre.

Es interesante observar que la expansión y las zonas colonizadas no se gestionaban desde Uruk, sino que se dirigían localmente a través de centros administrativos regionales. Estos centros administrativos podían controlar la fabricación y el comercio de objetos. Los sellos cilíndricos, la cerámica y otros materiales excavados en estas regiones confirman que las colonias comerciales de Siria, Anatolia e Irán compartían los mismos sistemas administrativos y estilos cerámicos en esta época. Los productos de cada centro se fabricaban localmente.

El Templo Blanco de Uruk

Visible desde la distancia, este magnífico zigurat, conocido como el Zigurat de Anu, tenía en su cima un magnífico templo blanco dedicado al dios del cielo Anu, que habría dominado el horizonte. Situado en la actual Warka (Irak), los arqueólogos calculan que su construcción habría llevado unos 5 años a 1.500 obreros. Estos obreros habrían tenido que trabajar jornadas de diez horas diarias. Se cree que algunos fueron obligados a realizar el trabajo y que solo se les pagó una parte.

Restos del zigurat de Uruk que tenía el Templo Blanco

El Templo Blanco de Uruk es un ejemplo típico de «templo alto». Surgió en esta región para honrar a la deidad patrona de una ciudad. Este templo rectangular se construyó en estilo tripartito, con las esquinas orientadas a los cuatro puntos cardinales: norte, sur, este y oeste. Este excepcional templo encalado, que mide 17,5 por 23,3 metros, habría sido un espectáculo bajo el sol del mediodía.

Como era típico en los edificios tripartitos, un largo vestíbulo central estaba flanqueado por salas más pequeñas. Al final de la sala había un altar y un nicho en una pared prominente para la estatua del dios patrón.

Hamoukar

El asentamiento de esta ciudad se remonta al V milenio a. C. y estuvo habitada durante los periodos Ubaid y Uruk Arcaico. La ciudad excavada se encuentra en el noreste de Siria, cerca de las fronteras con Irak y Turquía.

El procesamiento de la obsidiana era la principal actividad comercial de este asentamiento. Esto demuestra la innovación y el empeño de sus habitantes por garantizar una vida sostenible. La obsidiana en bruto no estaba disponible en la zona y había que importarla del sur de Anatolia, a unos 112,65 kilómetros de distancia. Las herramientas y armas de obsidiana fabricadas se exportaban al sur de Mesopotamia, lo que generaba ingresos para los habitantes. Los talleres de obsidiana ocupaban una superficie de 280 hectáreas y el análisis químico de la obsidiana hallada confirmó que procedía de las estribaciones del monte Nemrut, en la actual Turquía.

En Hamoukar, las pruebas muestran la aparición de estructuras de clase, con las élites acumulando riqueza. Compraban sus alimentos y otros suministros en los pueblos de los alrededores.

Cuando Hamoukar se convirtió en una ciudad consolidada y rica, sus habitantes se dieron cuenta de que necesitaba más seguridad. Construyeron una muralla a su alrededor, estableciendo así la primera ciudad amurallada de la que tenemos constancia. El proceso de urbanización en este caso puede atribuirse al crecimiento económico y no a que la gente fuera coaccionada u obligada a vivir allí como mano de obra.

En su apogeo, Hamoukar tenía unos 20.000 habitantes y cubría una superficie de 105 hectáreas. Hamoukar no solo exportaba herramientas y armas al sur. Nuevas pruebas confirman que también comerciaban con el norte. Este comercio septentrional se realizaba de forma independiente, lo que demuestra que Hamoukar tenía sus propios gobernantes o, al menos, algún tipo de independencia.

Antes de la batalla de Hamoukar, los habitantes habían progresado hasta fabricar herramientas y armas de cobre, lo que la convirtió en objetivo de los conquistadores debido a la riqueza y los logros de la ciudad.

Batalla de Hamoukar

La batalla de Hamoukar se considera el primer incidente de guerra urbana. Las excavaciones indican que el ataque a la ciudad debió de estar bien planeado. Sin embargo, parece que se produjo de repente, cogiendo desprevenidos a los habitantes. Su falta de preparación pudo deberse en parte a los muros de tres metros de grosor que rodeaban la ciudad, que probablemente los hicieron sentirse seguros. De algún modo, los invasores prendieron fuego a la ciudad. Las paredes y los tejados de los edificios que no fueron consumidos por el fuego se derrumbaron. Los arqueólogos han encontrado suficientes artefactos entre los escombros como para hacerse una idea de cómo fue destruida la ciudad.

En excavaciones bastante recientes se han descubierto más de 2.300 proyectiles de honda de arcilla con forma de huevo procedentes de dos de los edificios administrativos derrumbados. Bajo los escombros también se hallaron otras pruebas de la batalla, como doce tumbas de víctimas masculinas. Los arqueólogos están seguros de que el incendio que destruyó la ciudad fue provocado por un enemigo y no por un terremoto o un accidente.

Tell Brak

Tell Brak se encuentra en el noreste de Siria. Se encuentra en una de las principales rutas comerciales antiguas que conectaban Mesopotamia, Anatolia, las ciudades del Éufrates y los puertos marítimos del Mediterráneo. Es uno de los mayores tells de la zona que se han excavado hasta la fecha.

Tell Brak cubría una extensa superficie de 40 hectáreas y se elevaba a 40 metros antes de las excavaciones. Durante su apogeo, esta ciudad-estado se extendía por una superficie de entre 110 y 160 hectáreas y contaba con una población de entre 17.000 y 24.000 habitantes.

Suburbios de Tell Brak

El tell estaba rodeado de pequeñas aldeas o suburbios donde vivían muchos de sus habitantes. Estos suburbios ocupan una superficie de más de 300 hectáreas. Las pruebas arqueológicas indican que esta zona estuvo habitada desde el periodo Ubaid y se prolongó hasta mediados del primer milenio de nuestra era.

Las excavaciones en Tell Brak, Hamoukar y Tepe Gawra proporcionan a los arqueólogos pruebas arquitectónicas y de cerámica que confirman que estas ciudades-estado compartían los mismos comportamientos religiosos, administrativos y sociales.

En Tell Brak se ha excavado un enorme edificio destinado a usos no residenciales, que ha dejado al descubierto muros de adobe rojo. Este majestuoso edificio tiene una entrada con una puerta de basalto con torres a cada lado. Los muros tienen 1,85 m de grosor y 1,5 m de altura, y aún son visibles.

Industria de Tel Brak

Se excavó un taller artesanal en el que se fabricaba sílex, se molía basalto y se realizaban incrustaciones de conchas de moluscos. Se identificó otro edificio para la fabricación de cuencos de cerámica, cuya finalidad quedó confirmada por el importante número de cuencos producidos en serie que contenía. También se encontró en este edificio un cáliz único hecho de obsidiana y mármol blanco unidos con betún. Este mismo edificio llegó a albergar una amplia colección de sellos y balas de honda.

Reuniones sociales

El salón de banquetes de Tell Brak contenía un gran número de platos fabricados en serie y vasijas con borlas. Este edificio ha sido identificado como salón de banquetes debido a los grandes hornos con restos de animales hallados en el patio norte. El interior de la sala de banquetes contiene varios fogones grandes, que habrían proporcionado calor durante las reuniones comunales y los banquetes.

Al parecer, en estos banquetes se consumía cerveza de cebada y grañones, y se devoraban grandes cantidades de carne. Aparentemente, la antigua civilización tenía una vida laboral, una vida social y una vida religiosa.

Religión

Las prácticas religiosas se centraban en el culto a una deidad que todo lo veía, y en Tell Brak había un templo dedicado a este dios, que era la deidad patrona de la ciudad. Este templo puede indicar que Tell Brak fue una de las primeras ciudades del norte de Mesopotamia que practicó una religión organizada, al menos hasta donde sabemos.

Los habitantes de Tell Brak fabricaban estatuillas votivas y símbolos que utilizaban para adorar a su dios que todo lo veía. Sin embargo, es posible que adoraran a una diosa. Los expertos suponen que la diosa sumeria Inanna, asociada al poder político, la guerra, la justicia, la cerveza, el amor y la belleza, era la diosa a la que adoraban los habitantes de Tell Brak.

Figurillas y símbolos oculares hallados en el templo de Tell Brak
https://commons.wikimedia.org/wiki/File:Augenidole_Syrien_Slg_Ebn%C3%B6ther.jpg

Capítulo 3 - El primer periodo dinástico

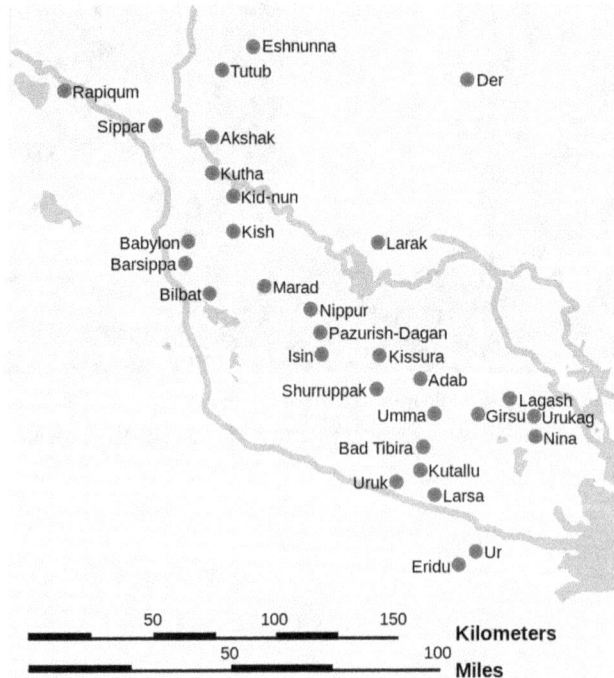

Eshnunna

Tutub

Der

Rapiqum

Sippar

Akshak

Kutha

Kid-nun

Babylon
Barsippa

Kish

Larak

Bilbat

Marad

Nippur

Pazurish-Dagan

Isin

Kissura

Shurruppak

Adab

Umma

Girsu

Lagash

Urukag

Nina

Bad Tibira

Kutallu

Uruk

Larsa

Ur

Eridu

50   100   150   **Kilometers**

50   100   **Miles**

Mapa de las ciudades-estado de la antigua Sumeria
Ciudades_de_Sumeria.svg: Cratesderivative work: Phirosiberia, CC BY 3.0
https://creativecommons.org/licenses/by/3.0 vía Wikimedia Commons;
https://commons.wikimedia.org/wiki/File:Cities_of_Sumer_(en).svg

El auge del periodo Dinástico Arcaico

Aunque no existen épocas claramente delimitadas en el desarrollo de Sumeria durante el periodo Dinástico Arcaico, los expertos lo han dividido en tres fases: Dinástico Arcaico I (c. 2900-2800 a. C.), Dinástico Arcaico II (c. 2800-2600 a. C.) y Dinástico Arcaico III (c. 2600-2334 a. C.). Todo el periodo Dinástico Arcaico (abreviado DA) fue un periodo de crecimiento e innovaciones. Muchas de las «primicias» atribuidas a los sumerios se remontan a este periodo y a la breve fase puente inmediatamente anterior.

El conocimiento de este periodo se debe en gran medida a las excavaciones arqueológicas, a los registros históricos posteriores y al desciframiento de los escritos sumerios que datan de la última parte del periodo Dinástico Arcaico. Los historiadores a menudo tienen que comparar varias de estas fuentes para llegar a conclusiones razonablemente fiables, ya que parte de la información, sobre todo la procedente de los registros antiguos, solo es parcialmente objetiva.

Un buen ejemplo es la Lista Real Sumeria, que proporciona información valiosa para un investigador perspicaz, aunque se entremezclan con reinados y periodos de vida de los reyes imposiblemente largos junto con hechos y seres obviamente míticos. Aunque la lista de reyes sumerios contiene varios nombres semíticos de reyes y lugares, se ha establecido razonablemente que los sumerios eran de origen no semítico.

Periodo Jemdet Nasr

Durante la fase final del periodo de Uruk y el comienzo del periodo Dinástico Arcaico, alrededor del 3000 a. C. al 2900 a. C., se ha identificado un periodo superpuesto relativamente breve. Se denominó periodo Jemdet Nasr por el yacimiento que se confirmó que era sumerio. Este periodo duró de 3100 a 2900 a. C., y la datación por radiocarbono confirma estas fechas. Los expertos están divididos a la hora de aceptar el periodo Jemdet Nasr como una fase separada debido a las grandes similitudes culturales con los periodos anterior y posterior.

El mundo científico fue alertado por primera vez sobre la cultura Jemdet Nasr cuando se descubrieron tablillas de arcilla con un tipo de escritura protocuneiforme (arcaica). Estas tablillas aparecían en los mercados de antigüedades desde 1903 aproximadamente. La escritura ya había sido identificada como lengua sumeria gracias al descubrimiento de tablillas posteriores. Un asiriólogo, Stephen Langdon, inició las excavaciones en Jemdet Nasr en 1926. Los mismos aspectos culturales que se identificaron en este yacimiento se descubrieron posteriormente en muchos otros yacimientos arqueológicos del sur y el centro de Mesopotamia.

Tablilla administrativa de arcilla del periodo Jemdet Nasr, Uruk III
Museo Metropolitano de Arte, CC0, vía Wikimedia Commons;
https://commons.wikimedia.org/wiki/File:Met_(2)_-
_Administrative_tablet,_Jamdat_Nasr,_Uruk_III_style_-
_3100%E2%80%932900_B.C_(d%C3%A9tail).jpg

Este periodo parece ser una prolongación del periodo Uruk, ya que en él se desarrollaron varias invenciones y características ya evidentes en el periodo Uruk. La cerámica está presente tanto en policromía como en la marcada monocromía, que eran similares a las del periodo Ubaid. La escritura pictográfica original inventada durante el periodo Uruk había evolucionado hacia un estilo más abstracto en esta época. La distintiva forma de cuña de la escritura cuneiforme también data de este periodo Dinástico Arcaico.

Periodo Dinástico Arcaico

El periodo Dinástico Arcaico comenzó en diferentes momentos en Sumer, al menos según el registro arqueológico de los yacimientos excavados hasta el momento. Lo único que tienen en común los inicios de la historia sumeria hasta casi finales del periodo Dinástico

Arcaico es la inseguridad de la cronología y las fechas de las que se parten. Se necesitan imperiosamente más dataciones por radiocarbono y métodos científicos modernos de datación para que los expertos puedan refinar y correlacionar estas fechas.

Según las primeras excavaciones realizadas en el siglo anterior, parecía haber un paréntesis en los depósitos culturales y las redes establecidas en torno al 2900 a. C. En aquella época, esto se explicaba por la historia del Diluvio Universal. Las leyendas de un diluvio universal están registradas en los relatos de varias escrituras del ANE (Antiguo Oriente Próximo), así como en el diluvio bíblico. Las grandes y extensas inundaciones de alrededor de 2900 a 2800 a. C. parecían confirmarse por depósitos de lodo muy gruesos (3,35 metros). Estos depósitos fueron encontrados por Leonard Woolley en sus excavaciones en Ur y en otros yacimientos por diferentes arqueólogos.

La controversia en torno a la realidad de tal inundación se sumó a las muchas discusiones en torno a la civilización sumeria. El problema con la historia de la inundación es que las fechas, las profundidades de las capas de barro y los yacimientos en los que están presentes no guardan correlación. Además, esta capa de barro no aparece en todos los yacimientos que se han excavado.

La zona del delta del sur de Mesopotamia era propensa a las inundaciones estacionales, especialmente por el río Éufrates, lo que provocaba que los ríos cambiaran a menudo de curso. Aunque el Éufrates era relativamente poco profundo, se sabe que en ocasiones arrasaba todo lo que encontraba a su paso. Las distintas capas de lodo se explican mejor como el resultado de diferentes inundaciones en diferentes épocas. Estas inundaciones habrían variado en intensidad. Las historias de estas inundaciones se transmitieron oralmente, combinándose con mitos y leyendas antes de ser escritas.

Avances culturales

La Primera Dinastía de Egipto ha sido datada por radiocarbono en el año 3100 a. C. y los historiadores la consideran la dinastía más antigua del mundo. El periodo Dinástico Arcaico sumerio es la primera época de Mesopotamia en la que puede trazarse una línea dinástica gobernante. Al mismo tiempo, los primeros asentamientos y pueblos empezaron a tener un liderazgo. Está ampliamente aceptado que este papel progresó a través de una línea de parentesco, en la que un cabeza de familia se convertía en jefe y transmitía el liderazgo a los miembros de la misma familia.

La escritura evolucionó a partir de simples registros y transacciones comerciales pictográficas. Esto se debió al desarrollo de las representaciones silábicas, que podían utilizarse con mayor flexibilidad. Durante la Dinastía Arcaica II y III, el primer texto contemporáneo existente que puede calificarse de histórico es un elogio a Mebaragesi, rey de Kish. Sin embargo, no fue erigido por cualquier persona; ¡Fue el propio Mebaragesi quien lo encargó! Está datado en torno al 2600 a. C. y se conserva en el Museo de Irak, en Bagdad.

La religión en la antigua Sumeria

Al igual que en periodos sumerios anteriores, la religión desempeñaba un papel importante y la creencia de que los humanos estaban en la Tierra para servir a los dioses estaba firmemente arraigada en todos los aspectos de la vida. Complacer y honrar a las deidades era primordial en la vida de todo sumerio. Curiosamente, el primer regalo dedicado por un rey a un dios del que tenemos pruebas definitivas no estaba dedicado al dios patrón de la ciudad ni a ese rey. La inscripción, descubierta en Tell al-'Ubaid, era de un rey de Ur y estaba dedicada a una de las principales diosas sumerias que influían en la vida cotidiana. Decía: «Aanepada, rey de Ur, hijo de Mesanepada, rey de Ur, ha construido esto para su señora Ninhursag».

Los sacerdotes de las divinidades locales desempeñaban un papel importante. Aconsejaban al pueblo en todos los niveles de la sociedad. Dado que actuaban como portavoces de las divinidades, hacían llegar al pueblo la voluntad de los dioses en todos los asuntos, ya fueran personales o laborales. Los sacerdotes debían aclarar las razones de una mala experiencia o situación, como una calamidad o la infertilidad de las personas y/o su ganado. Los sacerdotes eran también los intérpretes de lo que necesitaban las deidades para enderezar el asunto.

Utilizaban varios métodos de adivinación; la lectura de las entrañas de una oveja o una cabra es un ejemplo popular. También interpretaban los sueños y las visiones de los miembros de sus comunidades. Recibían instrucciones de las divinidades a través de oráculos, sueños y señales cósmicas. Los reyes-sacerdotes, y más tarde los reyes, recibían la voluntad de los dioses, actuaban en consecuencia y la comunicaban al pueblo.

Los sacerdotes también eran médicos. Debido a su asociación con las divinidades, se creía que tenían los conocimientos necesarios para definir la causa y prescribir una cura, todo lo cual les sería comunicado por los dioses.

Los zigurats, que a menudo se encontraban en el centro de las ciudades, no se construyeron como lugares de culto. No tenían espacio para reuniones, a pesar de su tamaño monumental. Se construían como morada de la deidad patrona local y, en las ciudades más grandes, podía haber más de un zigurat, ya que el pueblo debía honrar también a las deidades supremas. Se descubrieron grandes cantidades de ofrendas votivas y estatuillas, y más tarde mensajes cuneiformes en trozos de arcilla, piedra u otros materiales adecuados, bajo el suelo y en el interior de los muros de estos edificios y de los templos de sus cimas. Presumiblemente fueron colocados allí por sacerdotes en nombre de individuos que querían suplicar, implorar o dar las gracias a una deidad.

Placa mural que representa libaciones a un dios sentado; Ur, 2500 a. C.
Osama Shukir Muhammed Amin FRCP(Glasg), CC BY 4.0
https://creativecommons.org/licenses/by/4.0 vía Wikimedia Commons;
https://commons.wikimedia.org/wiki/File:Wall_plaque_showing_libation_scene_from_Ur,_Ir aq,_2500_BCE._British_Museum_(adjusted_for_perspective).jpg

Estructura de la sociedad

Los primeros sumerios no tenían conciencia de clase y aparentemente todos los ciudadanos eran iguales. Así lo confirman los ajuares funerarios de los cementerios excavados en varios yacimientos arqueológicos, así como textos posteriores sobre los primeros periodos. Esto cambió con el tiempo, y las estructuras de clases se desarrollaron de forma natural. Los cambios en las responsabilidades individuales y los deberes comunales; la implantación del liderazgo y la autoridad, y la acumulación de riqueza crearon una estratificación entre la población.

El aumento de la producción agrícola condujo a la división del trabajo y a la especialización de los oficios. Esto se afianzó firmemente en el periodo Dinástico Arcaico. Se pueden distinguir cuatro niveles principales de la sociedad. Estos eran los sacerdotes, la clase alta, la clase baja y los esclavos. Los arqueólogos pudieron confirmar estas distinciones a partir de los ajuares funerarios enterrados con los muertos.

De las obras de arte del periodo DA se desprende que los sacerdotes y a veces los reyes se afeitaban la cabeza. Las mujeres llevaban el pelo largo recogido en trenzas o elaboradas cofias. Los hombres llevaban el pelo largo, a menudo recogido en un nudo. La gente vestía faldas o vestidos con dobladillos festoneados que se superponían en capas, recordando ligeramente a las plumas de un pájaro. Las joyas las llevaban tanto hombres como mujeres, ricos y pobres, con claras distinciones de clase por los materiales con los que estaban hechas. La clase alta y los gobernantes lucían exquisitos adornos de oro y otros materiales preciosos. Así lo confirman las excavaciones de los ajuares funerarios con los que fueron enterrados.

Hombres y mujeres tenían los mismos derechos durante este periodo, y las mujeres participaban en todos los ámbitos de la sociedad. La realeza se otorgaba sobre todo a los varones, pero sabemos de una mujer, Ku Bau, posadera o cervecera, que recibió la realeza de Kish.

Auge de los reyes, las ciudades y las ciudades-estado

En las primeras ciudades mesopotámicas, los primeros gobernantes eran sacerdotes, pero se convirtieron en reyes cuando las aldeas progresaron y se convirtieron en centros urbanos. La realeza se convirtió en parte integrante de la organización social y, en el periodo

Dinástico I, los sacerdotes, los militares y toda la comunidad tenían un estatus inferior al de los reyes locales. La función de los reyes era más secular, pero su objetivo primordial de complacer al dios patrón de la ciudad y a los principales dioses del panteón sumerio seguía siendo el mismo. Cabe señalar que, para los sumerios, la realeza era divina: un don otorgado por los dioses a un súbdito elegido que podía ser destituido si los dioses así lo deseaban.

El rey reivindicaba su nombramiento al trono por la deidad de la ciudad y se consideraba que representaba a dicha deidad. Los reyes se representaban a sí mismos como subordinados a los deseos de la deidad y actuaban como parte de la comunidad en su servicio a los dioses. En las obras de arte se ve a los reyes participando en actividades comunitarias, como la construcción de un templo. Pero, al mismo tiempo, los retratos de reyes en funciones personalizadas y con nombre propio indican el crecimiento del estatus de esos líderes. Los ajuares funerarios del cementerio real de Ur y la construcción de palacios verifican esta tendencia.

Relieve votivo de Ur-Nanshe, rey de Lagash, como el dios pájaro Anzu
https://commons.wikimedia.org/wiki/File:Relief_Im-dugud_Louvre_AO2783.jpg

Se cree que el primer rey dinástico históricamente verificable, Mesannepada (Mesanepada), inició la Primera Dinastía de Ur hacia el 2670 a. C.

Los nombres de los reyes suelen proceder de inscripciones. Ur-Nanshe, el primer rey de la Primera Dinastía de Lagash, añadió a una inscripción cómo honró a la diosa Nanshe construyendo un canal. «Para Nanshe cavó el canal Ninadua, su amado canal, y extendió su extremo lejano hasta el mar».

Una estatuilla votiva de un músico llamado Ur-Nanshe se encontró en las ruinas de un templo en el lejano emplazamiento de Mari, en Siria, alrededor de este mismo periodo (c. 2520 a. C.). Una inscripción con su nombre cruzaba los hombros. La estatuilla, magníficamente tallada, podría haber sido un objeto de comercio, ya que los sumerios tenían colonias comerciales en lugares tan lejanos como Tell Brak, en Siria, desde el periodo de Uruk. Actualmente se afirma que la estatuilla se fabricó en Mari, pero sigue existiendo la posibilidad de que haya alguna conexión con Sumeria.

Ur-Nanshe, rey de Lagash, gobernó hacia 2520 a. C. Las excavaciones en Lagash (actual Telloh) proporcionaron a los arqueólogos un gran número de tablillas cuneiformes. Estas tablillas, junto con las inscripciones en monumentos y estelas, proporcionaron información importante sobre la civilización sumeria durante este periodo.

Kish fue otra importante ciudad-estado del periodo dinástico temprano. Fue fundada en torno al periodo de Jemdet Nasr. Aunque se vio afectada por el diluvio del 2900 a. C., floreció poco después. Según la leyenda, las deidades trajeron la realeza a la Tierra por segunda vez tras el Diluvio y la establecieron en Kish. Los eruditos modernos confirmaron por primera vez en los registros de Kish el título de rey, *lugal* (gran hombre), en contraposición al anterior *en* (sacerdote) o *en-lugal* (sacerdote-rey).

Parte de la importancia de Kish residía en su posición estratégica. Estaba situada en la confluencia del Tigris y el Éufrates, por lo que controlaba ambos ríos. Así, su población podía influir en las aguas de riego y en el tráfico fluvial más al sur; era una posición poderosa que podía afectar al verdadero sustento de las ciudades-estado del sur.

La urbanización se desarrolló en el periodo Uruk, pero aumentó durante los periodos Dinástico Arcaico. El periodo Dinástico Arcaico I fue testigo de desarrollos más innovadores. Se construyeron nuevas ciudades, que se convirtieron en ciudades-estado en el periodo Dinástico Arcaico II. Los edificios centrales de estas ciudades-estado seguían siendo edificios religiosos, que en esta época eran casi en su totalidad zigurats.

La ciudad de Ur se fundó durante el periodo Ubaid. En el periodo Dinástico Arcaico, era una ciudad muy desarrollada y próspera. Otras ciudades estaban a la altura de Ur y se convirtieron en ciudades-estado independientes.

Las ciudades-estado eran similares en cuanto a ideas culturales, políticas y administrativas, pero sin duda eran heterogéneas e independientes entre sí. En épocas anteriores, las ciudades eran reconocidas por otras ciudades como entidades políticas importantes, y hubo periodos en los que una dominaba a las demás.

Cada ciudad-estado constaba de una ciudad central con aldeas circundantes más pequeñas. Tenían sus propios ejércitos, almacenes centrales de alimentos, zigurats, centros administrativos e industrias especializadas. Comerciaban entre sí, con el mundo vecino y con países lejanos.

Aparte de los cambios naturales de los ríos, aumentaron los cambios humanos en los cursos de agua naturales. La población desvió los ríos mediante canales, algo que ya se había hecho en épocas anteriores. Hay inscripciones de finales del periodo Dinástico III, cuando la escritura estaba más desarrollada, que atestiguan los grandes e importantes desvíos de agua y canales. Como ya se ha mencionado, un rey de Lagash añadió a una inscripción cómo honraba a la diosa Nanshe construyendo un canal.

Conflictos, batallas y guerras

Las escaramuzas son tan antiguas como la propia raza humana, y los sumerios no fueron una excepción. A medida que las ciudades-estado prosperaban y la población crecía, también lo hacía la necesidad de más: más tierra, más recursos, más control. Las ciudades-estado también necesitaban más protección contra los enemigos extranjeros, como los gutis y los elamitas, que asaltaban sus rutas comerciales e invadían sus tierras. Se crearon ejércitos, se desarrollaron armas y las ciudades se rodearon de murallas defensivas.

Las batallas solían librarse entre ciudades-estado sumerias vecinas e incluían disputas comerciales, disputas fronterizas, control de recursos y asuntos de propiedad. Los conflictos motivados por la rivalidad aumentaron durante el periodo Dinástico Arcaico, lo que se refleja en las representaciones de batallas en obras de arte.

Según la Lista Real Sumeria, las rivalidades desembocaban en batallas, que luego llevaban a una ciudad a tomar el control de la otra tras derrotarla. Esto significaba el fin de una línea de reyes, ya que se eliminaba la realeza de la ciudad conquistada. Normalmente, la ciudad conquistada acababa rebelándose y volvía a ser autónoma, con lo que se iniciaba una nueva dinastía.

La primera representación pictográfica de una batalla data del año 3500 a. C. y procede de Kish. La primera guerra de la que se tiene constancia histórica tuvo lugar alrededor del 2700 a. C. Este conflicto enfrentó a sumerios y elamitas. El entonces rey de Kish, Mebaragesi, derrotó a los elamitas y se llevó sus armas. La famosa Estela de los buitres registra una de las muchas batallas libradas entre las vecinas ciudades-estado sumerias de Lagash y Umma. Aparte de la horripilante representación de los buitres llevándose las cabezas de los vencidos, esta estela ofrece a los historiadores información sobre las armas y la formación militar del vencedor: Lagash.

Escritura cuneiforme

Durante el periodo Dinástico Arcaico II, los sellos de arcilla eran más anchos y estaban elaboradamente decorados con escenas humanas o animales. La diferencia en los sellos de arcilla es una de las pocas maneras que tienen los eruditos de distinguir entre los periodos Dinástico I y Dinástico II.

El invento más importante del periodo Dinástico Arcaico es sin duda la invención de la escritura. En varios yacimientos se han encontrado tablillas cuneiformes con la misma escritura arcaica. Estos yacimientos están muy alejados entre sí, lo que indica que la escritura no se desarrolló de forma aislada. Las ciudades-estado estaban en contacto continuo y habrían compartido ideas e inventos, a pesar de su autonomía.

Ejemplo de escritura pictográfica

Hacia el 2700 a. C., la escritura pictográfica original, también llamada protosumeria o arcaica, había evolucionado para incluir representaciones de sonidos. Esto permitió a los sumerios escribir cualquier palabra o incluso conceptos abstractos. Hacia el 2500 a. C., la escritura se había convertido en un número limitado de líneas en forma de cuña que podían disponerse de diversas formas y combinaciones para transmitir cualquier cosa que necesitara ser comunicada.

La escritura, que se originó por la necesidad de registrar asuntos comerciales y administrativos, se convirtió en una lengua escrita en toda regla. Hacia el final de la era dinástica arcaica, los sumerios crearon la literatura.

Capítulo 4 - El periodo acadio

En la ciudad septentrional de Kish, en el siglo XXIV a. C., un niño huérfano criado por el jardinero del rey se convirtió en copero de este. Este rey era Ur-Zababa. El puesto de copero debía ser ocupado por alguien de confianza y poderoso. Algunos expertos creen que el copero influía en las decisiones del rey. Este copero de Ur-Zababa se convertiría más tarde en Sargón el Grande.

En esta época, el poderoso rey de Uruk, en el sur de Sumeria, era Lugalzagesi. Estaba expandiendo su territorio y sus ejércitos se dirigían río arriba hacia Kish. Según algunas fuentes, Lugalzagesi ya había conquistado la mayoría de las ciudades-estado sumerias y algunas zonas adyacentes a Sumer. Algunos expertos afirman que Lugalzagesi supervisó el primer imperio del mundo, pero las pruebas y los análisis refutan esta afirmación. Se acepta que Lugalzagesi se hizo con el control de varias ciudades-estado y luego se jactó de haber conquistado toda Sumer. También hay que recordar que las ciudades-estado de la antigua Sumeria, ferozmente independientes, no veían sus ubicaciones geográficas como parte de un todo —en otras palabras, un país— a pesar de tener la misma lengua y cultura.

Ur-Zababa envió a su copero con un mensaje a Lugalzagesi, supuestamente para ofrecerle un trato. Resulta que el mensaje en realidad pedía a Lugalzagesi que matase al mensajero. Ur-Zababa debió de perder la confianza en su copero en algún momento y quiso deshacerse de él. No está claro si el mensaje contenía alguna sugerencia de acuerdo de paz. Lo que sí se sabe es que Lugalzagesi y

Sargón unieron sus fuerzas y conquistaron fácilmente Kish. Sargón se convirtió en el rey de Kish y luego se peleó con su benefactor. Capturó a Lugalzagesi y lo obligó cruelmente a llevar un yugo al cuello. Sargón lo arrastró a Nippur, la ciudad-estado de la deidad Enlil, en cuyo nombre Lugalzagesi reclamaba su reinado.

El antiguo copero del rey de Kish adoptó el nombre de Sargón (también deletreado como Sarru-kin, que se cree que significa «el rey está establecido/legitimado») como nombre de trono. Según la leyenda y la supuesta autobiografía de Sargón, nació de una sacerdotisa de un importante templo y no conoció a su padre. La diosa sumeria Inanna o, según algunas fuentes, Ishtar, lo amó y seleccionó para el trono cuando era joven. Hay que señalar que los registros de esta versión de los hechos datan de la época de la antigua Babilonia, que fue muy posterior. Por lo tanto, su autenticidad como proveniente del propio Sargón debe permanecer en duda.

Las conquistas del rey Sargón

Sargón emprendió una campaña de expansión militar por Sumer y más tarde se jactó en una inscripción de haber triunfado en treinta y cuatro batallas en su viaje hacia el golfo Pérsico. Durante sus viajes, conquistó toda Sumeria. Así nació el primer verdadero imperio de la historia. El reinado de Sargón duró desde 2334 a. C. hasta 2279 a. C., y sus sucesores gobernaron después de él hasta que el imperio fue derrocado en 2150 a. C. aproximadamente.

Según algunas fuentes, la situación sociopolítica de Sumer no era tan brillante como antes. La élite y el sacerdocio abusaban de su poder hasta el punto de que las clases bajas sufrían penurias increíbles. Se dice que algunos se vieron obligados a vender a sus hijos para cubrir sus deudas. En algunos estados, los gobernantes se convirtieron en jefes militares que gobernaban con puño de hierro. Las luchas de los plebeyos contra sus gobernantes de élite pueden haber contribuido a los éxitos de Sargón.

Al este, la conquista de una ciudad elamita, Arawa, quedó registrada en inscripciones, a la que siguieron otras ciudades elamitas, aunque no conocemos los años ni los nombres exactos. En una estela de victoria hallada en Susa, Sargón se autodenomina conquistador de Elam y Parabium. Esto podría indicar que había conquistado totalmente Elam al este de Sumer y Acad. Al norte de Acad, en la región del Alto Éufrates, hay pruebas de las conquistas de Sargón en los registros arqueológicos y textuales. En Mari, por ejemplo, el gran palacio fue destruido poco después del comienzo del reinado de Sargón y posteriormente reconstruido a mediados del periodo acadio. Sargón también hizo una inscripción en la que afirmaba que Mari y Elam le obedecían como señor de la tierra.

Algunas de las guerras libradas durante el reinado de Sargón parecen ser incursiones más que una guerra de conquista. Además, muchas de las regiones extranjeras eran ciudades-estado más que países. Es posible que las ambiciones comerciales de Sargón se vieran satisfechas con la instalación de mercaderes en algunos países extranjeros en lugar de gobernadores.

Muchas inscripciones sargónicas solo se conocen hoy a través de copias realizadas por escribas babilonios posteriores. A partir de esta información, los eruditos modernos han determinado que Sargón efectivamente conquistó e hizo incursiones en la mayor parte del antiguo Cercano Oriente. Se autodenominó «rey del mundo» y rey y/o sacerdote de varias zonas. En una inscripción se lee que Dagan (la deidad principal de varias naciones del antiguo Próximo Oriente) entregó a Sargón Mari, Yarmuti, Ebla (Irbil) y hasta los bosques de cedros y las montañas de plata. Esto último indica probablemente el Líbano y los montes Tauro.

Sargón creó una nueva capital llamada Agadé al norte de Sumer, y su imperio pasó a llamarse Imperio acadio. Los habitantes de las tierras que formaban Acad, al norte de las ciudades-estado sumerias, eran en su mayoría tribus de habla semítica. Bajo la nueva administración centralizada, la lengua oficial era el acadio, aunque utilizaban la escritura cuneiforme sumeria. Las diversas lenguas y dialectos de los estados conquistados seguían utilizándose, pero se dio preferencia al acadio, que acabó convirtiéndose en la lengua franca del antiguo Próximo Oriente.

Aunque la opinión general de los registros antiguos posteriores afirma que Sargón construyó su nueva capital de Agadé o Acad, existen indicios tentadores de que la ciudad ya existía antes de que Sargón llegara al poder. La primera mención escrita de la ciudad se encuentra durante la Segunda Dinastía de Uruk, y data del llamado «año fecha» de Ensakusanna.

La ubicación de Agadé sigue siendo difícil de determinar. Sin duda, los acadios heredaron de los sumerios su afición por registrar transacciones comerciales, asuntos personales y administrativos, proyectos de construcción, intercambios y socios comerciales, escaramuzas y guerras, y asuntos religiosos. El descubrimiento de Agadé y sus archivos arrojará luz y aclarará gran parte de este periodo.

La rica capital del Imperio acadio: Agadé

La capital del Imperio acadio se describe en materiales contemporáneos y copiados de otras fuentes mesopotámicas como una metrópoli rica, próspera y bulliciosa. Tenía un puerto especialmente concurrido. En los muelles, los barcos cargaban y descargaban productos agrícolas, mercancías, recursos escasos y productos exóticos procedentes de tierras lejanas. La conquista de Sumeria abrió la ruta hacia el golfo Pérsico, por lo que todas las embarcaciones de comercio marítimo y fluvial atracaban ahora en Agadé. El tráfico marítimo procedía de Baréin, el valle del Indo, Egipto, Arabia y Etiopía.

Las leyendas sobre las riquezas y tesoros de la ciudad circularon mucho después de su desaparición. En épocas posteriores, fue destino de buscadores de tesoros. Los textos existentes, por ejemplo, describen una excavación arqueológica de tres años de duración llevada a cabo por un escriba durante la época del rey babilonio Nabonido, que gobernó entre 555 a. C. y 539 a. C.

Sargón quería extender las relaciones comerciales y diplomáticas desde su capital a todo el antiguo Próximo Oriente. Se dice que los ejércitos de Sargón llegaron hasta el Mediterráneo, Siria, Anatolia, las fuentes del Tigris y el Éufrates, y las zonas alrededor del golfo Arábigo, conquistando todo a su paso. Sargón controlaba la mayoría de las rutas comerciales del antiguo Próximo Oriente.

Gran parte del reinado de Sargón se ha entremezclado tanto con leyendas que resulta difícil discernir la realidad de la ficción. Sargón era una leyenda en su propia época, y los gobernantes de otros reinos y épocas posteriores afirmaban descender del linaje de Sargón para legitimar su gobierno u obtener mayor prestigio y respeto.

Los acadios semitas se habían mezclado con los sumerios y habían aprendido de ellos durante mucho tiempo, y el nuevo imperio de Sargón floreció con los nuevos territorios adicionales, su nueva capital y un nuevo gobierno centralizado. El brillante Sargón se dio cuenta de que las ciudades-estado sumerias, ferozmente independientes, pronto volverían a clamar por su independencia. Como contramedida, instaló a miembros de su familia y líderes de confianza en varios puestos destacados de las ciudades. No obstante, parte de su ejército se mantuvo ocupado sofocando revueltas recurrentes, especialmente hacia el final de su reinado.

Tras unificar el sur de Mesopotamia, Sargón conquistó el resto de las ciudades de la antigua Mesopotamia y otras regiones del Próximo Oriente. La cronología y el alcance exacto de estas conquistas siguen siendo imprecisos. Parece que las batallas en lugares lejanos no fueron sucedidas por el gobierno continuado de ese estado; es posible que estas batallas fueran breves incursiones militares de seguimiento para someter a las zonas que intentaban recuperar su independencia. Los registros de ciudades como Mari, Ebla y otras confirman las conquistas y la influencia de Sargón en todo el Creciente Fértil y más allá. Las tablillas de Ebla indican que en su día fue una provincia de Acad.

Acad: un gobierno imperial centralizado

Sargón designaba a los gobernadores locales de todo el Imperio acadio, que aplicaban las políticas dictadas por el gobierno central de Agadé. Se implantaron unidades de medida y sistemas fiscales estándar en todo el imperio.

Entre las políticas y cambios implementados se incluyó la revisión y centralización de la administración de la producción agrícola. Se ampliaron las tierras agrícolas trasladando a la población a los centros urbanos cercanos, centralizando así la mano de obra. Estos nuevos centros urbanos se cercaron con murallas. La producción agrícola de los campos secos del norte de Mesopotamia se complementó con el riego.

Parte de la estrategia de Sargón para limitar las revueltas consistía en reubicar a los acadios en ciudades-estado sumerias y de otros países. Para mantener la admiración de la población, Sargón utilizó la propaganda mediante la descripción de las guerras, detallando el número de enemigos muertos y el número de personas esclavizadas durante las campañas. Estos registros se inscribían en estatuas y estelas. Se aplastaban brutalmente las revueltas y se castigaba a ciudades enteras derribando sus murallas. En el sur de Mesopotamia, eso significaba inundar las ciudades con agua de río. El pueblo que permanecía leal al Imperio acadio durante las revueltas era recompensado con tierras arrebatadas a los rebeldes y a los muertos.

El arte del periodo acadio muestra un marcado giro hacia escenas más naturalistas, el arte monumental y la escultura. Se crearon sellos con fondos y dibujos realistas de personas y animales. Las esculturas y relieves retrataban a personas reales, lo que resulta evidente por los restos de representaciones similares, si no idénticas, de reyes colocadas en los recintos de los templos de muchas ciudades de todo el imperio. Cabe suponer que estas estatuas servían para recordar constantemente al pueblo quién era el rey. Al igual que las estatuas de las divinidades patronas, las estatuas del rey estaban siempre presentes en las ciudades.

Una magnífica cabeza de bronce, que se cree que formaba parte de una estatua, fue recuperada durante unas excavaciones en Nínive en 1931. Se cree que representa a Sargón de Acad. Las estatuas de bronce se fundían mediante la técnica de la cera perdida, en la que el metal fundido se vaciaba en un molde de cera. Los reyes acadios utilizaban las artes visuales, incluidas estatuas de sí mismos con inscripciones de sus hazañas y devoción religiosa, como recurso propagandístico.

El Imperio acadio nos dio el primer poeta «con nombre» de la historia. Enheduanna era princesa y gran sacerdotisa, y escribió poemas e himnos durante el reinado de Sargón el Grande. De hecho, era hija de Sargón. Por suerte, sus contribuciones literarias formaron parte de los posteriores currículos de los escribas babilonios antiguos y asirios, por lo que se conservaron copias de su obra para la posteridad.

Como parte de los nombramientos estratégicos de Sargón tras conquistar Sumer, este nombró a su hija, Enheduanna, suma sacerdotisa de la deidad patrona de Ur, en el sur de Mesopotamia. Se especula con que el nombramiento sirvió en parte para vincular la religión semítica de Acad con la sumeria. Sargón no sustituyó a los dioses sumerios, sino que los adoptó en la cultura acadia, a veces con nombres acadios. Durante las excavaciones de Leonard Woolley en Ur, descubrió un disco de alabastro que nombraba a Enheduanna como la gran sacerdotisa del dios sumerio de la luna, Inanna. También decía que Sargón era su padre.

Rimush - El usurpador

Cuando Sargón murió después de gobernar durante unos cincuenta y cinco años, su hijo menor, Rimush, se convirtió en el gobernante. Por qué Rimush se convirtió en el gobernante y no el hijo mayor de Sargón es un misterio. Los estados conquistados vieron en la muerte de Sargón una oportunidad para recuperar su autonomía, por lo que estallaron rebeliones en todo el imperio.

Rimush reunió a las fuerzas de su padre y aplastó brutalmente a los rebeldes. Trató con dureza a las ciudades-estado sumerias. Las deportaciones masivas y la confiscación de tierras estaban a la orden del día. Las tierras de los templos, que eran la principal fuente de ingresos de los sacerdotes, fueron confiscadas y entregadas a los acadios. Según los registros recuperados de Umma, los supervivientes de las rebeliones y otros deportados fueron internados en campos de trabajo y obligados a trabajar hasta la muerte. ¿Podrían contarse los campos de concentración como otra primicia sumeria?

Se han encontrado estelas de victoria de Rimush en varios lugares, incluido Elam. Se hacía llamar «rey del mundo» y «rey del universo». Y al igual que su padre, inscribió el número exacto de soldados y civiles muertos, deportados y esclavizados. Una inscripción, por ejemplo, en la ciudad de Kazallu, donde había estallado una rebelión, registraba que doce mil personas habían muerto en la batalla y que cinco mil habían sido tomadas como esclavas. Las inscripciones también registraban los tipos y cantidades de botín confiscado por las fuerzas del rey.

Rimush gobernó solo nueve turbulentos años antes de ser asesinado en su palacio. Según la leyenda, fue estrangulado con sellos cilíndricos, que probablemente estaban atados con una cuerda. Nunca se identificó a los culpables, pero las especulaciones incluyen a su hermano mayor, Manishtushu.

Manishtushu, ¿heredero legítimo de Sargón?

Manishtushu declaró que Enlil, una de las deidades principales sumerias, lo había llamado a la realeza. Tras las continuas guerras del corto reinado de su hermano, organizó un banquete en Agadé para representantes de varias ciudades y regiones. Cuenta la leyenda que un total de 964 gobernantes se reunieron en Agadé para celebrar un fastuoso banquete, en el que corrió abundante cerveza. Los guardias y soldados de Manishtushu vigilaban para evitar que estallaran escaramuzas. Manishtushu consiguió convencerlos de que aceptaran un acuerdo sobre tierras. Los detalles no están claros, pero fue muy favorable para Manishtushu. Probablemente la cerveza ayudó.

No obstante, Manishtushu intentó promover la paz, a diferencia de su hermano antes que él. Parece que mantuvo relaciones comerciales pacíficas con ciudades y estados del desierto iraní, Anatolia, la región mediterránea, el valle del Indo, Arabia, Egipto y quizá Etiopía.

Los registros recuperados en Tell Brak, en Siria, detallan reformas agrarias a gran escala, que se hicieron bajo la supervisión del ejército. La estela más importante de este periodo es el obelisco de Manishtushu. Este magnífico objeto se fabricó con piedra diorita negra importada de la antigua Magan (Omán). En él se detalla el regalo del rey a cuatro funcionarios. Una inscripción afirma que Manishtushu envió una flota de barcos a Magan y luchó con éxito contra treinta y dos ciudades que se habían reunido para combatir a sus fuerzas. Destruyó sus ciudades «llegando hasta las minas de plata».

Manishtushu, al igual que su hermano Rimush, fue asesinado en Agadé por miembros de su corte.

Naram-Sin - periodo Clásico

El tercer gobernante de Acad fue el hijo de Manishtushu, Naram-Sin. El Imperio acadio alcanzó su apogeo durante su reinado. Fue una figura bastante controvertida según fuentes posteriores, y en *La maldición de Agadé* se lo culpó de ser el responsable de la caída del imperio. Al igual que su abuelo, Sargón, Naram-Sin fue despiadado en ocasiones, pero también la personificación de un verdadero rey guerrero.

Naram-Sin registró una inscripción sobre una revuelta de ciudades sumerias liderada por Uruk y Kish. La inscripción relata que Naram-Sin libró nueve batallas al principio de su reinado. La diosa Ishtar lo ayudó a salir victorioso, y su pueblo le pidió que se convirtiera en el dios de la ciudad de Agadé, donde se construyó un templo. Las murallas protectoras fueron derribadas, las ciudades inundadas y muchos de los cautivos fueron brutalmente asesinados y esclavizados.

El reinado de Naram-Sin se conoce como el periodo Clásico del Imperio acadio debido a su magnífico arte, y a la magnitud y logros alcanzados durante esta época. Expandió el imperio hasta incluir los montes Zagros y sus ricos recursos minerales y también posiblemente Chipre. Una capa de destrucción en Ebla (Siria) data del reinado de Naram-Sin.

Un sello cilíndrico representa escenas de caza con Naram-Sin, lo que puede indicar que no acompañaba a sus tropas a todas partes o que las guerras y conflictos disminuían ocasionalmente.

A Naram-Sin se le atribuyen muchos proyectos de construcción. Demolió el templo de Enlil en Nippur y lo sustituyó por otro más grande y elaboradamente decorado. El majestuoso proyecto fue supervisado por su hijo. Hay un relato detallado de los materiales de construcción, la progresión de la obra y el número de artesanos, como carpinteros, escultores, trabajadores del metal y otros. Los mejores artesanos fueron reclutados de todos los rincones del imperio para completar este templo.

En algún momento de su reinado, Naram-Sin empezó a verse a sí mismo como un semidiós y se lo representa con el casco con cuernos que antaño se reservaba para representar a las deidades. Esto puede verse, por ejemplo, en la famosa Estela de la victoria de Naram-Sin, de piedra caliza rosa, originaria de Sippar, pero descubierta en Susa. Hoy se expone en el Louvre de París.

Generalmente se cree que un antiguo tratado entre los egipcios y los hititas tras la batalla de Kadesh fue el primer tratado del mundo. Sin embargo, es posible que el tratado de paz fuera otra primicia para Mesopotamia. Se firmó entre Acad y Elam durante el reinado de Naram-Sin. Al parecer, este firmó un tratado de paz con un rey elamita llamado Khita. El rey de Elam declaró que el enemigo de Naram-Sin sería su enemigo y que el amigo de Naram-Sin sería también su amigo. El tratado se selló con el matrimonio de Naram-Sin con la hija de Khita.

Naram-Sin gobernó durante treinta y seis años, y murió de causas naturales alrededor del 2218 a. C.

Sharkalisharri

Tras la muerte de Naram-Sin, su hijo, Sharkalisharri, se convirtió en rey. Una vez más, la transición de poder brindó a las ciudades-estado sumerias la oportunidad de recuperar su independencia. Sharkalisharri sofocó estas revueltas, y los eruditos a menudo se ven obligados a reconstruir fragmentos de su reinado de veinticinco años a partir de registros de nombres de años. Entre ellos figuran referencias como el año en que Sharkalisharri capturó a Sarlagab, el rey guti, o el año en que Sharkalisharri sentó las bases del templo.

Está claro que los nómadas gutis, procedentes de las estribaciones de los montes Zagros, intensificaron sus incursiones en los territorios acadios. Fueron una amenaza durante el reinado de Naram-Sin. Sharkalisharri cobraba elevados impuestos al imperio para mantener a sus ejércitos equipados y listos para luchar contra estas incursiones. Esto provocó un aumento de los levantamientos en los estados bajo su dominio. Era un círculo vicioso, y no pudo someter todas las revueltas, lo que llevó al otrora poderoso Imperio acadio a perder el control sobre gran parte de su territorio.

El fin de un imperio

Llegados a este punto, conviene citar al autor de la Lista Real Sumeria: «Entonces, ¿quién era rey? ¿Quién no era rey? Igigi, Nanum, Imi y Elulu, los cuatro fueron reyes, pero gobernaron un total de solo 3 años».

Sargón y su dinastía conectaron todo el antiguo Oriente Próximo, permitiendo a estas regiones comerciar e intercambiar ideas. Parece que los acadios y sumerios viajaban en persona a muchas partes del mundo habitado sin hacer de intermediarios como en la época presargónica. De la época acadia se recuperaron importaciones de fuera del antiguo Oriente Próximo, y se importaron caballos por primera vez, lo que podría significar que tuvieron contacto con pueblos de la estepa euroasiática.

La lengua acadia siguió siendo la lengua franca, sobre todo para la correspondencia internacional, durante milenios.

Estudios más recientes muestran que hay indicios de graves sequías y otros cambios climáticos, como el descenso del nivel de los ríos vitales, que contribuyeron a la desaparición del Imperio acadio. Es lógico que un descenso en la producción de alimentos hubiera incrementado las revueltas internas y el malestar general en gran parte del antiguo Cercano Oriente a partir del 2200 a. C.

Los gutis aprovecharon su oportunidad.

Se cree que esta máscara es de Sargón el Grande

Hans Ollermann, CC BY-SA 2.0 https://creativecommons.org/licenses/by-sa/2.0/ vía Wikimedia Commons; https://commons.wikimedia.org/wiki/File:Mask_of_Sargon_of_Akkad.jpg

Capítulo 5 - El periodo guti

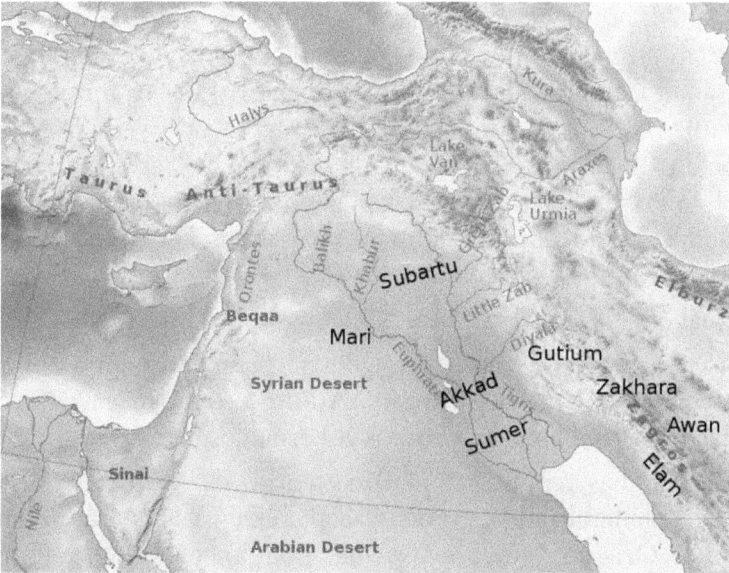

Mapa que muestra la región montañosa de Oriente Próximo

¿De dónde procedían los gutis?

Los gutis eran tribus no cultas procedentes de los montes Zagros, al menos según los sumerios. Desde muy pronto tuvieron la costumbre de realizar rápidas incursiones en ciudades y pueblos de la antigua

Mesopotamia. Los registros de la época son escasos, y gran parte de los disponibles se escribieron antes y después del periodo guti. Dado que siempre fueron una espina clavada en el costado de las ciudades civilizadas de Sumer y Acad, así como de otros pueblos asentados en gran parte de Mesopotamia, debe aplicarse un cierto escepticismo a la información a menudo sesgada de estos textos.

Según el conocido sumerólogo Thorkild Jacobsen, los gutis gobernaron durante unos cien años. No parece que dejaran mucha huella en la cultura, la lengua o el desarrollo sumerios. El periodo fue descrito por escribas posteriores como la «edad oscura». Los incultos gutis no tenían ni idea de cómo dirigir una sociedad avanzada y se les culpó de la desintegración de los sistemas de irrigación, el hambre, las grandes penurias y el declive de toda la región.

Muchas de las acusaciones vertidas sobre los gutis pueden deberse, en realidad, a una grave sequía. Las primeras invasiones de los gutis consistían en incursiones rápidas para obtener lo que querían. Luego regresaban a su tierra natal en las estribaciones de los montes Zagros. Sin embargo, su patrón cambió de repente. Sus motivos habían cambiado. Bajaron a Sumer sin intención de volver a marcharse. Es posible que otros factores los empujaran a Mesopotamia. Además, la inestabilidad del Imperio acadio les proporcionó el impulso adecuado para una invasión a gran escala.

¿Cuál era la estrategia de los gutis?

Las incursiones gutis se habían convertido en conquistas, destruyendo mucho a su paso. Ahora ocupaban las zonas que invadían e instalaban a sus propios gobernantes.

Las pruebas confirman la existencia de sequías y cambios climáticos generalizados, graves y seculares en gran parte del antiguo Próximo Oriente; aún no se ha podido explicar por qué se produjeron. Esto podría haber sido el instigador de la invasión guti: pastores en busca de pastos más verdes. Se cree que el cambio climático se produjo aproximadamente entre el 2200 y el 1900 a. C. Es posible que se produjera una gran erupción volcánica, pero no se ha identificado al culpable. Lo que sí está claro es que se produjo una desertización de zonas antaño fértiles y una importante disminución de las precipitaciones en el resto del antiguo Próximo Oriente, con escasez generalizada de alimentos, disturbios, revueltas, guerras y desplazamientos masivos de población. La grave sequía está confirmada por muestras de sedimentos de fondos marinos, lechos fluviales e incluso antiguos registros egipcios de la época del faraón Pepy II.

Algunas de las ciudades-estado sumerias parecen haber conservado cierta autoridad, aunque como subordinadas de los gobernantes gutis. Así, siguieron adelante con ciertos proyectos en sus ciudades al tiempo que reconocían su estatus inferior al no autodenominarse reyes. Por ejemplo, en Umma, una inscripción afirma que el príncipe o gobernador (*patesi* en sumerio) construyó un templo en tiempos de S'ium (o Ba-s'ium), rey de los gutis.

La ciudad-estado sumeria de Lagash (la actual Telloh) prosperó hacia 2144, durante la llamada «edad oscura». Su gobernante, Gudea, se hacía llamar *ensi* y se creía el pastor de su pueblo más que su rey. Las inscripciones lo llaman el *ensi* del dios Ningirsu. Construyó numerosos templos en varias ciudades sumerias, incluida la ciudad-estado de Lagash. El más famoso de estos templos se llama E-ninnu, en la ciudad de Girsu, que Gudea reconstruyó tras haber soñado que los dioses le ordenaban hacerlo. Gudea profesaba que dedicaba su vida a complacer a los dioses, especialmente a Ningirsu, la deidad patrona de Lagash.

Durante el reinado de Gudea, se repararon y volvieron a utilizar el riego, las carreteras y otros antiguos sistemas sumerios. Tenía relaciones comerciales con varios países extranjeros, como demuestran los materiales utilizados en la construcción y decoración de los templos, que incluían ébano del valle del Indo, piedra de Omán y madera de cedro del Líbano.

La Lista Real Sumeria existente contiene los nombres de entre veintiuno y veinticinco gobernantes gutis, de los cuales muy pocos pueden verificarse. Fue sin duda una época oscura con pocos logros culturales, salvo los producidos en ciudades semiautónomas por restos de las culturas anteriores. Algunos expertos creen que, con el tiempo, los gutis se mezclaron con las culturas sumeria y acadia. Llegaron a adorar a las mismas divinidades y adoptaron nombres acadios.

Las ciudades-estado semiautónomas consiguieron su libertad parcial pagando tributo al estado guti. Continuaron con sus actividades habituales y algunos gutis localizados adoptaron sus prácticas. Al igual que sus predecesores, los acadios, los gutis fueron incapaces de mantener el control sobre la vasta zona geográfica que una vez estuvo bajo el control del Imperio acadio.

Uruk también parecía prosperar bajo una sucesión de sus propios reyes, aunque era un estado vasallo de los gutis. Está claro que en algunas ciudades-estado sumerias se estaba consolidando el poder y la independencia, ya que los ineptos gutis no lograban mantener el control. Era solo cuestión de tiempo que cayeran.

Tabla con una inscripción del gobernador de Umma en la que declara haber erigido un templo durante el reinado del rey S'ium o Ba-s'ium de Gutium

Museo del Louvre, CC BY-SA 4.0 https://creativecommons.org/licenses/by-sa/4.0/ *vía Wikimedia Commons;* https://commons.wikimedia.org/wiki/File:Tablet_of_Lugalannatum.jpg

¿Dejaron los gutis su huella en Sumer?

A medida que el control de los gutis disminuía, un poderoso rey llegó al poder en la ciudad-estado de Uruk. Su nombre era Utu-hengal (también deletreado como Utu-hegal). Tras hacer ofrecimientos y súplicas a los dioses, inició una revuelta contra el dominio guti. Los gutis reunieron sus fuerzas para atacar a Utu-hengal, pero este triunfó. El rey de los gutis, Tirigan, huyó a los montes Zagros. Él y su familia fueron hechos prisioneros por el enviado de Utu-hengal. Fue devuelto a Utu-hengal con los ojos vendados y las manos atadas.

Tirigan suplicó clemencia. Utu-hengal respondió poniendo su pie sobre el cuello de Tirigan. La realeza sumeria fue restaurada en Uruk.

Utu-hengal murió siete años después en un accidente. Su yerno, Ur-Nammu, que ya era rey de Ur, se convirtió también en rey de Uruk. Así comenzó el siguiente periodo de la historia de Sumeria, la dinastía Ur III.

El rey Ur-Nammu sentado en un sello cilíndrico

Capítulo 6 - El renacimiento sumerio

Se conocen más de 120.000 tablillas cuneiformes del siguiente periodo de la historia sumeria, de las que aún quedan por descifrar muchos miles. Gran parte de la información descifrada hasta ahora se refiere a asuntos administrativos, registros de transacciones, asuntos económicos, comercio y alimentación.

El reinado de Ur-Nammu

Ur-Nammu se convirtió en rey de Ur alrededor del año 2112 a. C. Tras heredar el trono de Uruk de su suegro, Utu-hengal, Ur-Nammu fundó la dinastía Ur III (también conocida como Imperio neosumerio). Unió las ciudades-estado de Ur, Uruk y Eridu y se dispuso a liberar a las demás ciudades-estado sumerias de los gutis. Era un gobernante ilustrado, y se presentó como un libertador más que como un conquistador cuando atacó estas ciudades-estado. En consecuencia, los habitantes estaban más que dispuestos a unirse al Imperio neosumerio después de que Ur-Nammu expulsara a los gobernantes gutis de sus ciudades.

Incorporó el resto de Sumeria y pasó a conquistar el centro y el norte de Mesopotamia derrotando al rey de Elam, Puzur-Inshushinak. Este rey elamita, o su padre antes que él, se había apoderado de los territorios del centro y norte de Mesopotamia, ya que los gutis estaban perdiendo poder. Ur-Nammu también puso bajo control sumerio territorios elamitas como Susa.

Durante el reinado de Ur-Nammu, las ciudades-estado de Sumer se unieron por primera vez como un todo cohesionado bajo un gobernante sumerio. Habían aprendido del Imperio acadio que un gobierno y una administración centralizados podían ser un poderoso elemento disuasorio y una sólida defensa contra los ataques enemigos. Ur-Nammu reclamó el título de rey de Sumer y Acad, así como el de rey de los cuatro puntos cardinales. Su propaganda incluía un retorno a las viejas costumbres, a los viejos tiempos de libertad antes de que el Imperio acadio gobernara a los sumerios con puño de hierro.

Ur-Nammu restableció el uso del sumerio como lengua oficial y promovió el crecimiento cultural en el arte y la literatura. Las antiguas epopeyas, himnos y poemas sumerios se aprendían y recitaban en público.

Ur-Nammu es el primer gobernante cuyas leyes y castigos se conservan por escrito. Su código legal incluía leyes públicas y civiles. Para sorpresa de los eruditos, muchos de los castigos incluían multas para compensar a las víctimas. Sin embargo, los delitos graves, como el asesinato y la violación, se castigaban con la pena de muerte.

Tras gobernar durante dieciocho años, Ur-Nammu murió en una batalla contra los gutis invasores. Al parecer, sus tropas lo abandonaron. Las alabanzas a Ur-Nammu se siguieron cantando, y sus hazañas probablemente fueron exageradas por las generaciones posteriores. Fue honrado como un dios después de su muerte.

Un poeta describió la muerte y el funeral de Ur-Nammu. Relata cómo el cuerpo de Ur-Nammu fue llevado de vuelta a Ur en un féretro y depositado en su palacio mientras sus soldados y su viuda lo lloraban. También lamenta la actuación de los dioses, que insensiblemente lo dejaron morir. Otros dioses solo pudieron mirar y lamentarse. Según el poeta, en el cortejo fúnebre se rompió y hundió una barca para llevar a Ur-Nammu al inframundo.

El rey Shulgi

El hijo de Ur-Nammu, Shulgi, se convirtió en su sucesor. Bajo su reinado, la dinastía Ur III alcanzó su apogeo. El gobierno funcionaba a la perfección y los impuestos sobre la distribución de bienes y servicios estaban perfectamente planificados y administrados. Cada ciudad era responsable de pagar impuestos una vez al año, cada una en un mes diferente, para mantener la administración estatal, los servicios públicos y el ejército. Los impuestos se pagaban en forma de suministros, que se entregaban en un punto central de redistribución.

Gracias al corpus de documentos existentes que datan del periodo Ur III, los eruditos supieron que se construyó una ciudad entera para albergar la administración central. Esta ciudad fue descubierta cerca de Nippur, considerada la capital religiosa de Sumer. Esta ciudad de almacenamiento y distribución se llamaba Puzrish Dagan. Los arqueólogos descubrieron allí gran cantidad de tablillas, y parece como si cada artículo que entraba o salía de la ciudad fuera registrado y archivado.

Las campañas militares de Shulgi incluyeron zonas del norte, este y oeste de Sumer, aunque estas campañas fueron a menudo el resultado de rebeliones. Todas ellas se registraban detalladamente en tablillas de arcilla y en inscripciones en estatuas y estelas.

Las autoridades locales administraban cada ciudad según las normas establecidas por el gobierno central de Ur. El jefe o príncipe de una localidad funcionaba de forma similar a los actuales primeros ministros. Dependía del rey de Ur.

El jefe de la autoridad local estaba asistido en sus funciones por un *ensi* o gobernador, así como por un general (*shagina* en sumerio), que era el jefe del ejército local. Cada ciudad era responsable de su propia planificación, presupuesto, funciones administrativas y operaciones de distribución, que se realizaban de acuerdo con las instrucciones del gobierno central.

Todos los funcionarios debían asistir a una escuela, donde aprendían su trabajo, que incluía teneduría de libros, pesas y medidas, el calendario y otros conocimientos de escribanía.

Las autoridades centrales estandarizaban los tipos y tamaños de los ladrillos e incluso proporcionaban planos de construcción en algunos casos. Los reyes pagaron la construcción de enormes zigurats en casi todas las ciudades.

El reinado de Shulgi estuvo plagado de incursiones y batallas contra vecinos, nómadas e inmigrantes ilegales. Lo mismo podría decirse de casi todos los estados del antiguo Oriente Próximo. Existen pruebas de este periodo que proporcionan indicios sobre las grandes sequías, la escasez de alimentos y sus inevitables consecuencias, entre las que se incluían las migraciones masivas.

También hay suficiente confirmación en los registros para demostrar que se forjaron relaciones y tratados comerciales y diplomáticos a lo largo del periodo Ur III. Algunos se rompieron o cambiaron unilateralmente antes incluso de que la arcilla estuviera seca. Las relaciones se vieron reforzadas por matrimonios y otras conexiones familiares.

Los gobernantes de Ur III también tuvieron que reprimir revueltas internas. Shulgi gobernó durante cuarenta y siete años antes de morir en batalla. Los expertos han encontrado todos los nombres de los años del reinado de Shulgi, y a partir de ahí se puede extrapolar mucha información. Escribió o encargó muchos himnos de alabanza y poemas sobre sí mismo. A partir de su vigésimo tercer año de reinado, se le añadió un signo de divinidad delante de su nombre, lo que significaba que a partir de entonces se consideraba un dios.

Los relatos posteriores no fueron tan amables con Shulgi como él mismo. La *Crónica de Weidner* —correspondencia de un gobernante posterior de Isin a un rey de Babilonia— afirma que los gutis triunfaron sobre Ur III porque Shulgi y su padre habían faltado al respeto al dios babilonio Marduk y a otras deidades. Shulgi no siguió correctamente los ritos religiosos al aplacar a las divinidades, lo cual era un grave pecado en aquella época. Según esta crónica, Shulgi, su padre y su hijo cambiaron algunas reglas religiosas, lo que resultó ofensivo para los dioses.

Descendientes del rey Shulgi

El hijo de Shulgi, Amar-Sin, le sucedió y reinó desde 2046 hasta 2037 a. C., aproximadamente. También reivindicó su estatus divino cuando era rey. Su nombre significa incluso «dios lunar inmortal» (Sin era el nombre del dios lunar de Sumeria).

Amar-Sin se ocupó de los mismos asuntos y proyectos que su padre antes que él. Existen registros de todos los nombres anuales de Amar-Sin. De ellos se desprende que participó en acciones militares casi todos los años, incluso más de una vez en algunos años.

Al parecer, Amar-Sin murió de una infección en el pie o de una picadura de escorpión y fue sucedido por su hijo, Shu-Sin. Este reinó durante nueve años, todos ellos conocidos a través de los nombres de los años. En el cuarto año de su reinado, se vio acosado por los amorreos. Hizo construir un muro entre los ríos Éufrates y Tigris para impedir que se acercaran más al sur.

Se han desenterrado muchos artefactos con el nombre o inscripciones de Shu-Sin. El poema de amor dedicado a Shu-Sin es probablemente el más conocido. Fue descubierto en las ruinas de Nippur y traducido por el conocido sumerólogo Samuel Noah Kramer. Los expertos lo asocian con la antigua celebración anual del matrimonio divino entre Dumuzi e Inanna, en la que el rey representa a Dumuzi como el novio, y una gran sacerdotisa toma el papel de Inanna como la novia. Hay poemas de amor similares en todo el Próximo Oriente antiguo, y también se compara con el Cantar de los Cantares de la Biblia cristiana.

El largo reinado de Ibbi-Sin, hijo y sucesor de Shu-Sin, duró desde 2028 hasta 2004 a. C. Fue el último gobernante de Ur III. La dinastía estuvo en declive durante la mayor parte de su reinado, y al final, el imperio solo consistía en Ur y sus alrededores.

Los implacables amorreos

Los principales culpables fueron los amorreos. La muralla construida por Shu-Sin a lo largo de la divisoria entre el Tigris y el Éufrates resultó totalmente inadecuada para mantener alejados a los amorreos. El malestar interno, los disturbios y las declaraciones de independencia de los estados previamente conquistados se extendieron por toda Mesopotamia y más allá. Los invasores contaron con la ayuda de sus parientes que ya habitaban en las tierras de Sumer y Acad.

Hacia 2004 a. C., los implacables elamitas, junto con otras tribus montañesas de la cordillera de los Zagros, atacaron la ciudad de Ur. Destruyeron gran parte de la ciudad y se llevaron prisionero a Ibbi-Sin a Elam, donde murió más tarde. La desaparición de la ciudad y la dinastía se lamenta en una elegía de autor desconocido.

Capítulo 7 - El declive de Sumeria

El origen de los amorreos

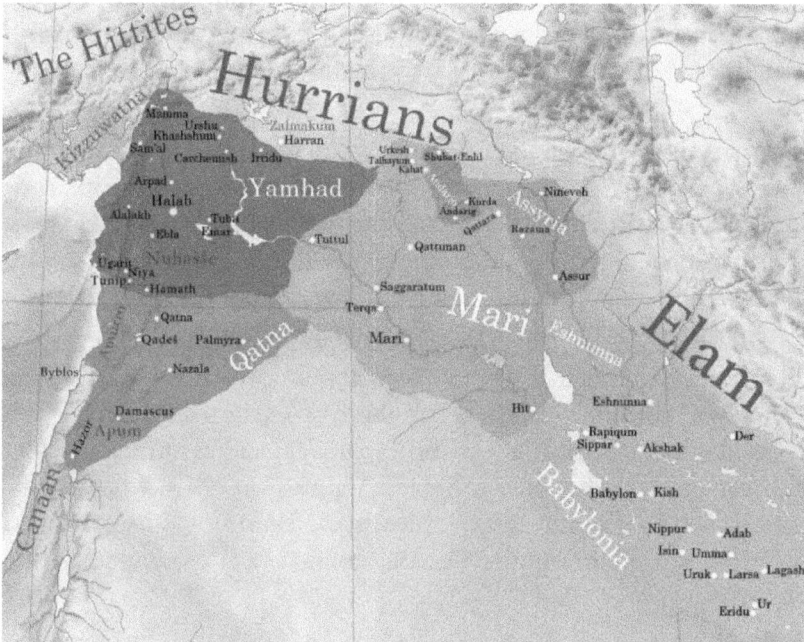

Mapa que muestra varios estados amorreos y Asiria, hacia 1764 a. C.
Attar-Aram syria, CC BY-SA 4.0 https://creativecommons.org/licenses/by-sa/4.0/ vía Wikimedia Commons; https://commons.wikimedia.org/wiki/File:Third_Mari.png

Los expertos coinciden en que los amorreos procedían del Levante. También se admite que los amorreos eran nómadas que se infiltraban en las comunidades a medida que viajaban y amenazaban a los grupos previamente asentados. Estas tribus nómadas estaban gobernadas por jefes que decidían sus rutas, comercio e invasiones de asentamientos. En algún momento se dio el nombre de «amorreo» a un grupo específico de pueblos semitas que, aunque nómadas y a veces seminómadas, vivían de la tierra y tomaban lo que querían de los asentamientos que encontraban. A medida que esta tribu se hizo más grande, más fuerte y más experta en tomar lo que querían de los demás, adquirieron tierras y se convirtieron en una amenaza para las ciudades-estado ya desarrolladas de las regiones vecinas.

Los amorreos fueron llamados «amorreos» en tablillas del noroeste, como los archivos de Ebla, donde consta que una transacción se pagó con «plata amorrea». Las tablillas de Mari también se refieren a los amorreos. Para los primeros sumerios, todas las tierras del oeste eran conocidas como las tierras de los Martu, su nombre para los amorreos. El nombre «Amurru» era la palabra acadia con la que se designaba a este grupo perturbador. También denotaba sus orígenes geográficos y lingüísticos.

A principios del II milenio, grandes grupos tribales de los «Amurru» emigraron de Arabia y ocuparon permanentemente Mesopotamia. Se asentaron en pequeños grupos y adoptaron un modo de vida similar al de los sumerios y acadios. La mayoría de los expertos sostienen que esta infiltración estaba relacionada con las fuentes anteriores que describen a los amorreos, mientras que otros afirman que estos pueblos eran cananeos.

Una de las ciudades vinculadas a los amorreos es Mari, la actual Tell Hariri, en Siria. En este yacimiento se excavaron muchas tablillas de arcilla con la misma escritura paleocananita que los expertos atribuyen a los habitantes semitas. Algunos creen incluso que Mari formaba parte de un reino amorreo. Según los historiadores, el posterior rey Hammurabi de Babilonia era descendiente de los amorreos.

Tablillas de arcilla cuneiformes del reino amorreo de Mari. Fechadas a principios del segundo milenio a. C.

Gary Todd, CC0, vía Wikimedia Commons;
https://commons.wikimedia.org/wiki/File:Cuneiform_Clay_Tablets_from_Amorite_Kingdom _of_Mari,_1st_Half_of_2nd_Mill._BC.jpg

La amenaza constante de los amorreos

Los amorreos eran conocidos por ser guerreros feroces e inquebrantables. Estaban dirigidos por sus jefes y suponían una amenaza para cualquier asentamiento o ciudad-estado que quisieran saquear. Esto incluía tomar tierras para que pastaran sus rebaños. Se dice que eran una fuerza dominante temida por los sumerios, ya que eran tan valientes como violentos en la batalla. Las tablillas de arcilla en acadio describen a los amorreos y su modo de vida como repugnantes y repulsivos.

Los amorreos eran conocidos en todo el Levante. Los sumerios los llamaban Martu, los acadios Amurru y los egipcios Amar. En los frescos egipcios se los representaba con pelo claro, piel clara, ojos azules y barba puntiaguda. Sus rasgos faciales estaban dominados por una nariz grande y curvada.

Los amorreos eran considerados bárbaros por la mayoría de las naciones con las que se cruzaban; por ello, se los suele describir en términos negativos, como el siguiente ejemplo de los sumerios:

«El MARTU que no conoce el grano... El MARTU que no conoce casa ni ciudad, los bárbaros de las montañas... El MARTU que desentierra trufas... que no dobla las rodillas [para cultivar la tierra], que come carne cruda, que no tiene casa en vida, que no es enterrado después de muerto»[1].

Los amorreos fueron una amenaza constante para las ciudades-estado acadias y sumerias. Los jefes de las tribus amorreas establecieron sus asentamientos en Mari, Qatna, Yamhad y Assur. Se urbanizaron sin dejar de ser una fuerza a tener en cuenta. Los babilonios tuvieron un rey muy famoso llamado Hammurabi, al que se suele atribuir, aunque incorrectamente, la creación del primer código legal escrito de la historia. (Ur-Nammu creó el código legal más antiguo que se conserva hasta ahora.) La estela de Hammurabi encontrada en un yacimiento de Diyarbekir afirma que Hammurabi era «El rey de los amorreos». Así pues, los eruditos han llegado a la conclusión de que Hammurabi era un amorreo que ascendió al trono de Babilonia después de Sin-Muballit, que también era amorreo.

Los amorreos no se contentaron con las ciudades que habían invadido en Mesopotamia. Continuaron su conquista hacia el norte de Canaán hasta Cades. La lengua paleosemita de los amorreos se mezcló con la lengua semítica de los acadios, que se convirtió en la lengua hablada y escrita dominante (lengua franca) del antiguo Próximo Oriente. El acadio se utilizó principalmente hasta finales del segundo milenio antes de Cristo.

Tácticas defensivas sumerias contra los amorreos

El rey Shulgi, hijo del rey Ur-Nammu, construyó una muralla defensiva en Ur para detener la invasión de las tribus bárbaras conocidas como los Martu en sumerio (los Amurru de los acadios y los Amoritas de los hebreos posteriores). Esta muralla se construyó a lo largo de la frontera oriental de su reino para defenderse de los amorreos, que ya habían tomado el control de algunas otras ciudades-estado sumerias.

Esta muralla tenía una longitud de 240 kilómetros, según los registros de su construcción. Durante el reinado de Shulgi, la muralla

---

[1] *Sumerian Texts of Varied Contents*, Chiera, Edward, Publicado por University of Chicago Press, Chicago, 1954.

impidió que los elamitas invadieran el reino. Esto se debió a las fortificaciones adicionales que añadió Shulgi. Por desgracia, el diseño de la muralla no incluía torres de vigilancia ni soportes para los pies de los defensores. (Los soportes para los pies permitían a los soldados ver por encima de la muralla sin dejar de estar protegidos). Esto significaba esencialmente que cualquiera podía caminar por cualquiera de los extremos de la muralla antes de ser visto.

Tras la muerte del rey Shulgi, su hijo y heredero, Amar-Sin, reevaluó la construcción de la muralla y añadió más fortificaciones. Sin embargo, la muralla era demasiado larga y no podía ser vigilada con eficacia. Otro factor que contribuyó a la caída de Ur fue que, durante el reinado de Shulgi, algunas tribus nómadas amorreas ya habían conseguido rodear la muralla y habían establecido asentamientos en la región.

Shu-Sin, el hermano menor de Amar-Sin, también intentó reforzar la muralla defensiva construida originalmente por su abuelo, pero las incursiones de tribus amorreas tanto externas como internas hicieron inútiles sus esfuerzos. Una vez que su hijo, Ibbi-Sin, ascendió al trono, el otrora majestuoso reino se perdió. La Tercera Dinastía de Ur fue un mero destello de su antigua gloria y quedó reducida a una ciudad-estado básica.

El debilitado Imperio sumerio atacado por los elamitas

La invasión amorrea del Imperio sumerio, sistemática y casi estratégicamente planificada, debilitó hasta tal punto este otrora gran imperio que se convirtió en un terreno propicio para el ataque de los elamitas.

Las inscripciones babilónicas confirman que los amorreos ya tenían una fuerte presencia en algunas ciudades sirias. Al saquear una ciudad tras otra en Sumer y conquistar Babilonia, que se convirtió en su capital, los amorreos consiguieron derribar una civilización que se había desarrollado durante siglos. Esta civilización tenía las mentes más innovadoras de la época y un carácter fuerte. Su pueblo desarrolló una sociedad, una religión, una cultura y un arte complejos, y fue conquistada por bárbaros incivilizados y desunidos, al menos según los textos antiguos.

La hambruna debilita aún más a Ur

El geólogo Matt Konfrist declaró en una conferencia de la Unión Geofísica Americana que los registros geológicos mostraban una prolongada sequía en la antigua Sumeria que comenzó alrededor del 2200 a. C. Según él, esta sequía se debió a los cambios en la evaporación del mar Rojo y el mar Muerto, que provocaron un descenso de las precipitaciones en toda la región. La sequía provocó hambrunas en todo el antiguo Próximo Oriente. Afectó al Imperio sumerio, ya que su población dependía en gran medida de la irrigación de los ríos crecidos, ríos que ahora no se llenaban con la nieve que se derretía anualmente en sus fuentes.

La dinastía Ur III ya estaba en decadencia debido a las invasiones generalizadas y persistentes de los amorreos. La combinación de sequía, hambruna e invasión llevó efectivamente a esta magnífica civilización al borde del colapso.

Otro factor que influyó en la decadencia y el colapso final de Ur y otras ciudades-estado sumerias es que, en épocas de sequía, hambruna o invasión, los habitantes de las ciudades periféricas más pequeñas o los agricultores gravemente afectados por estos factores emigraban inevitablemente a las ciudades más grandes en busca de trabajo y alimentos. Esto suponía una carga para la economía y las infraestructuras urbanas.

Los documentos administrativos descifrados del periodo Ur III muestran que durante el séptimo y octavo año de gobierno de Ibbi Sin, el precio del grano aumentó un 60%. Este aumento se debió, sin duda, a los factores combinados de la sequía y los ataques amorreos a agricultores y tierras.

Con el paso del tiempo, la maravilla arquitectónica de la muralla defensiva de 240 kilómetros de largo cayó en un estado de deterioro. El reino, antaño rico, se vio asolado por problemas económicos debidos a la superpoblación y a los amorreos que usurparon ciudades que antes pagaban tributo a Ur en forma de dinero, grano o ganado. Ur estaba debilitada y empobrecida durante el reinado de Ibbi-Sin, por lo que se encontraba a merced de los elamitas. Por aquel entonces, uno de los altos funcionarios del rey abandonó la corte y fundó su propio pequeño reino en la ciudad meridional de Isin.

Los elamitas, dirigidos por Kindattu, atacaron finalmente la ciudad de Ur en torno al año 2004 a. C. Según algunas fuentes, los elamitas habían formado una coalición con los amorreos. Saquearon la ciudad y capturaron al rey Ibbi-Sin, el último gobernante neosumerio. Los registros muestran que fue llevado a la ciudad de Elam como prisionero. Se desconoce qué fue de él y cómo murió. En una tablilla de arcilla conservada en el Louvre de París, la inscripción dice que el rey Ibbi-Sin sería llevado a la ciudad de Elam con grilletes y que nunca regresaría a su patria.

El funcionario que había iniciado su propia dinastía en Isin gobernó su pequeño imperio mientras las demás ciudades se separaban en sus propias ciudades-estado. Los doscientos años siguientes fueron una época tumultuosa con constantes guerras entre las ciudades-estado. Se compusieron grandes lamentos que lloraban la pérdida del apoyo de los dioses. Se creía que los dioses habían permitido o incluso ordenado a los elamitas destruir la gran ciudad de Ur y su próspero imperio.

La caída de Ur y el posterior declive de las ciudades-estado sumerias provocaron el fin de una civilización verdaderamente legendaria. Hoy en día, esta civilización se conoce como el «origen de la civilización». Los avances de los sumerios siguen afectando a nuestras vidas en la actualidad, ¡solo hay que mirar el reloj para comprobarlo!

Capítulo 8 - La sociedad sumeria y los gobernantes famosos

La estructura social de la civilización sumeria evolucionó a lo largo de los siglos. Se adaptó y cambió en función del entorno, los asentamientos y las ciudades-estado. Los habitantes de las tierras situadas entre los ríos Tigris y Éufrates crearon magníficas innovaciones, como un sistema de riego. Esto también significaba que la gente tenía que trabajar junta a gran escala para que estas innovaciones se construyeran, se mantuvieran y funcionaran. Hubo que establecer un órgano de gobierno para garantizar que los canales y acequias se excavaran, repararan y dirigieran a los campos, pueblos y ciudades en un sistema que repartiera el agua equitativamente. Al mismo tiempo, había que controlar las crecidas de los ríos mediante esfuerzos comunales para garantizar la seguridad de las personas y las propiedades. Así pues, se formó un gobierno y se elaboraron leyes que había que hacer cumplir.

Desarrollo de una jerarquía social en Sumeria

Los agricultores de los primeros tiempos de Sumeria consideraban que la tierra que cultivaban era de su propiedad y no tierras comunales. La agricultura de subsistencia se transformó en sobreproducción debido al éxito de los sistemas de riego, y los excedentes de alimentos se compartían e intercambiaban. Este fue el comienzo de los sistemas de trueque y comercio. Los agricultores que tenían más tierras y mejores cosechas podían enriquecerse mediante el comercio. En el pasado, se utilizaba a la familia extensa del agricultor como mano de obra, pero la gente se dio cuenta de que podía complementarse con mano de obra externa en lugar de trabajar sus campos en solitario como empresa familiar.

Algunos agricultores tenían más éxito que otros y disponían de un excedente de semillas y alimentos. Los agricultores con malas cosechas se acercaban a los agricultores más ricos para pedirles semillas prestadas, comprometiéndose a pagar al prestamista con su próxima cosecha. Si la siguiente cosecha tampoco era buena y no podían devolver el préstamo, se veían obligados a entregar sus tierras o a trabajar en las tierras del agricultor prestamista.

El éxito y la abundancia de la producción de alimentos condujeron a la especialización de la artesanía, como la alfarería, el tejido, la fabricación de herramientas y otras industrias. Estos acontecimientos desarrollaron una jerarquía de clases sociales, en la que la clase alta estaba formada por los campesinos que empleaban a jornaleros y no trabajaban sus propias tierras, los administradores de empresas comunales, los sacerdotes y los exitosos fabricantes de bienes de primera necesidad. La clase baja estaba formada por los jornaleros, algunos de los cuales eran posiblemente antiguos terratenientes, pero habían perdido sus tierras y ahora eran jornaleros.

Los habitantes de clase alta, y los que podían permitírselo, también poseían esclavos que trabajaban en sus hogares o en sus tierras. Los esclavos eran prisioneros de guerra de otras ciudades-estado. Se vendían y compraban en los mercados o se intercambiaban entre hogares o industrias.

Distinciones de clase

Esencialmente, la jerarquía se dividía en cuatro grupos: la clase religiosa, la clase alta, la clase baja y los esclavos. Estas distinciones de clase formaban el marco de la sociedad de los antiguos sumerios.

Clase religiosa - Los sacerdotes y sacerdotisas eran poderosos. Parecían tener derecho a hacer lo que quisieran. La gente solo podía acercarse a las deidades en busca de bendiciones si se ganaba el favor de los sacerdotes, ya que solo ellos podían comunicarse con los dioses, interpretar mensajes y explicar presagios a la gente. En la antigua Sumeria, los sacerdotes también desempeñaban el papel de médicos. Si un miembro de la familia estaba enfermo, se recurría a la ayuda de un sacerdote. Se ha encontrado una tablilla cuneiforme que representa a dos sacerdotes vestidos de pez. Lo hacían para comunicarse mejor con el dios del agua y ayudar a curar a un niño enfermo. Los sacerdotes tenían que afeitarse el pelo como forma de reverencia a los dioses a los que servían.

La clase alta o élite - Los hombres de la clase alta llevaban joyas, sobre todo anillos. Llevaban el pelo largo, bigote y barba. Al principio, sus túnicas eran una especie de falda, pero con el tiempo se convirtieron en un vestido completo, que iba desde los hombros hasta los tobillos. Las mujeres solían llevar vestidos sin hombros. Llevaban el pelo largo trenzado y a veces recogido sobre la cabeza. En invierno, llevaban capas de lana de oveja para protegerse del frío.

La clase baja - Los antiguos sumerios pagaban a los obreros por realizar tareas, como trabajar en el campo o llevar una tienda. La gente de clase baja vivía cómodamente. Tenían casas, vestían ropa que podían permitirse y lucían joyas hechas de conchas o piedras. La élite, en cambio, llevaba oro. Ninguna ley impedía a los hombres de clase baja ascender en la escala social.

Esclavitud - Las ciudades-estado que conquistaban otras ciudades-estado capturaban prisioneros. Los traían de vuelta y los vendían como esclavos al rey, al templo, a las élites o a quien pudiera permitirse mantener a uno. Los esclavos se compraban y vendían entre los ciudadanos, y las transacciones se registraban en tablillas de arcilla. Los esclavos solían costar menos que los burros o el ganado.

La mujer en la sociedad

Las mujeres no tenían los mismos derechos que los hombres en la antigua Sumeria. Un ejemplo de desigualdad lo encontramos en uno de los códigos legales de Ur-Nammu, donde una mujer sorprendida en un acto adúltero sería asesinada, mientras que el hombre quedaría impune. Sin embargo, las mujeres podían comerciar, y comprar y vender bienes libremente en el mercado, poseer propiedades, trasladarse donde quisieran y gestionar asuntos legales. Las mujeres también tenían derecho a crear empresas. Algunas mujeres dirigían secciones de las ciudades-estado y otros cargos gubernamentales. Las mujeres de clase alta o miembros de la familia real podían decidir convertirse en sacerdotisas. Las mujeres de las ciudades-estado que tenían una deidad femenina como patrona eran muy respetadas.

Las mujeres sumerias podían llegar a ser escribas, sacerdotisas, médicas y juezas. Las mujeres eran las principales cerveceras, un trabajo importante. Una mujer cervecera o posadera llamada Kubaba o Ku Bau fue incluso honrada con el reinado de la importante ciudad-estado de Kish.

Gobernantes de las ciudades-estado

Los asentamientos sumerios se convirtieron en ciudades-estado, y cada ciudad-estado tenía una deidad patrona. Los templos de las ciudades-estado reflejaban la riqueza de la ciudad. Cuanto más majestuoso y magnífico era el templo, más poderoso y rico se mostraba el rey ante los demás.

Tablilla cuneiforme de arcilla de la lista de reyes sumerios
Ashmolean Museum, CC BY-SA 4.0 https://creativecommons.org/licenses/by-sa/4.0/, vía Wikimedia Commons;
https://commons.wikimedia.org/wiki/File:Sumerian_King_List,_1800_BC,_Larsa,_Iraq.jpg

La controvertida Lista Real Sumeria

Se han encontrado varias tablillas de arcilla cuneiforme en ciudades-estado sumerias de sus últimos periodos que describen a los antiguos gobernantes como seres humanos divinos. En algún momento durante la última fase de la civilización sumeria, se recopiló una lista de todos los reyes sumerios desde el principio de la realeza sumeria. La controvertida Lista Real Sumeria detalla los reyes que gobernaron durante decenas de miles de años. Los eruditos la consideran una combinación de realidad y mitología. La Lista Real Sumeria contiene una veintena de fragmentos de tablillas de arcilla. El fragmento principal se excavó en Nippur, pero se han hecho descubrimientos en otros yacimientos antiguos, como Susa, Adab, Sippar y Larsa. Estos fragmentos ofrecen relatos similares de los reyes y sus reinados y también mencionan acontecimientos como el Diluvio Universal. Algunos textos difieren, presumiblemente debido a errores de los escribas que los redactaron.

Se dice que los reyes anteriores al Diluvio gobernaron durante miles de años. Se nombran ocho reyes específicos antes del Diluvio Universal. Su reinado totalizó 241.200 años. El tiempo en la antigua Sumeria se calculaba en *sars*, que equivalía a 3.600 años; *ners*, que equivalía a 600 años; y *sosses*, que equivalía a 60 años.

El comienzo de la lista de reyes sumerios se refiere a una época en la que «la realeza descendió por primera vez del cielo» más de 266.000 años antes de que surgiera la civilización. Según estos fragmentos de arcilla, Eridu fue la primera ciudad de la Tierra.

Los gobernantes verificables que se mencionan en la Lista Real Sumeria son Gilgamesh, Mesannepada, Mebaragesi, Elulu, Meskiagnun, Enshakushanna y Lugalzagesi. Estos siete reyes dan credibilidad a la Lista Real Sumeria, aunque el orden y los plazos difieren enormemente de las pruebas arqueológicas que se han encontrado. Incluso se ha utilizado información dinástica egipcia para correlacionar estas fechas.

El primer rey de Sumeria: Alulim

Si cree que los mitos y las leyendas tienen algo de verdad, eche un vistazo al rey Alulim. Según la Lista Real Sumeria, Alulim fue el primer gobernante de Sumer. Se han encontrado más de dieciocho listas de reyes sumerios en toda la región, pero todas afirman que Alulim fue el primer rey. No hay más información sobre el rey Alulim, excepto en la Lista Real Sumeria. En ella se afirma que la realeza descendió del cielo y se estableció en Eridug (la antigua Eridu) y que el rey Alulim gobernó durante 28.800 años.

Dos notables historiadores han expuesto sus teorías sobre el rey Alulim. El difunto profesor de literatura asiria y babilónica de la Universidad de Yale, William Wolfgang Hallo, postuló que existe un vínculo entre el rey Alulim y el mito de Apkallu, el semidiós creado por el dios Enki que enseñó al antiguo pueblo de Sumer a ser culto y civilizado. Hallo también señaló que Apkallu fue consejero de los primeros reyes de Sumer y que los textos cuneiformes lo describen como uno de los hombres con forma de pez que vivieron antes del Diluvio Universal.

El arqueólogo William H. Shea, de la Universidad de Michigan, relacionó el nombre Alulim con Adapa, el hijo del dios Enki, y postuló que el nombre Adapa se correlacionaba con el nombre Adán, el primer hombre según la narración bíblica del Génesis. La teoría de Adán y Alulim cuenta hoy con el apoyo de muchas escuelas de pensamiento.

Grandes reyes de la antigua Sumeria: Meshkiangasher y Enmerkar

El nombre del rey Meshkiangasher figura en la Lista Real Sumeria, pero no se han encontrado pruebas arqueológicas de su existencia en ninguna otra fuente. En algunas versiones de la Lista Real Sumeria, este rey es conocido como Meshkiangasher, pero incluso entonces, sigue siendo históricamente inencontrable. Además, la duración de su reinado es imposible. El mito que rodea al rey Meshkiangasher afirma que gobernó durante 324 años y que era hijo del dios del sol Utu. El mito afirma que, en el momento de su muerte, descendió hacia el mar y ascendió a las montañas. Los antiguos sumerios creían que este era el camino que seguía el sol a través del cielo y que era un momento adecuado para viajar, ya que era el camino del «hijo del dios sol».

Enmerkar, el heredero del rey Meshkiangasher se convirtió en el primer rey de Uruk, lo que puede comprobarse por las pruebas arqueológicas de numerosas excavaciones. Su reinado está registrado en la Lista Real Sumeria. Al hablar de la duración de su reinado surgen algunas dudas. Según la Lista Real Sumeria, ¡fue de más de 420 años! El Enmerkar histórico reinó a finales del cuarto milenio o principios del tercero antes de Cristo.

Se han descubierto tres epopeyas sobre el rey Enmerkar. «Enmerkar y el señor de Aratta» es la epopeya más larga que se ha descifrado. Esta epopeya en particular proporciona a los historiadores una gran cantidad de información cultural y religiosa. Narra los celos del rey Enmerkar por la inmensa riqueza de piedra y metal de Aratta, que se utilizaban como materiales de construcción. El rey Enmerkar quería construir un templo en Eridu dedicado al dios Enki, y necesitaba materiales de construcción especiales. La diosa Inanna le sugirió que enviara un mensaje amenazador al señor de Aratta y le exigiera los materiales de construcción. El astuto señor de Aratta no temió al rey y le devolvió el mensaje exigiendo grano como pago.

El rey Enmerkar accedió a la petición del señor, pero el señor de Aratta incumplió el trato. La epopeya detalla muchos mensajes enviados entre el rey y el señor, pero por desgracia, el texto está gravemente dañado. La conclusión de la epopeya parece acabar a favor del rey Enmerkar.

El rey Gilgamesh de Uruk

El rey Gilgamesh luchando con dos toros
Osama Shukir Muhammed Amin FRCP(Glasg), CC BY-SA 4.0
https://creativecommons.org/licenses/by-sa/4.0/, vía Wikimedia Commons;
https://commons.wikimedia.org/wiki/File:Gilgamesh_in_a_Sculptured_Vase,_Shara_Temple,_Tell_Agrab,_Iraq.jpg

El periodo generalmente aceptado por los eruditos para el reinado del rey Gilgamesh se sitúa entre el 2900 y el 2350 a. C. (periodo Dinástico Arcaico). Según la Lista Real Sumeria, el rey Gilgamesh gobernó durante un periodo imposible de 126 años. Según los textos cuneiformes, Gilgamesh era hijo del rey-sacerdote Lugalbanda y de la diosa Ninsun. Debido a su herencia de semidiós, Gilgamesh fue bendecido con una fuerza sobrehumana y un físico perfecto.

Se creía que era dos tercios dios y un tercio humano, y el pueblo lo veneraba. Esto le convirtió en un rey temible que tomaba lo que quería en riquezas, mujeres y posesiones terrenales. Su poder y control eran exagerados, lo que dio lugar a la *Epopeya de Gilgamesh* y a otros mitos y cuentos maravillosos sobre sus proezas como rey.

Los reyes posteriores lo reivindicarían como su antepasado para ganar poder y respeto de sus súbditos y de los reyes de otras regiones. Un ejemplo es el rey Shulgi de Ur, que afirmaba ser hermano de Gilgamesh e hijo de Lugalbanda y la diosa Ninsun. La mayoría de los historiadores consideran que Shulgi fue el mayor gobernante del periodo Ur III.

La infame monarca femenina: La reina Kubaba

Kubaba, también conocida como Ku Bau o Kug-Baba, es la única monarca femenina de la Lista Real Sumeria. Lo interesante es que en la lista se la nombra como la única gobernante de la Tercera Dinastía de Kish. Según los textos, gobernó alrededor del año 2400 a. C. durante un periodo de cien años. Una vez más, al igual que con todos los reyes mencionados en la Lista Real Sumeria, se dice que gobernó durante más de un siglo, lo que no es realista. La Lista Real Sumeria le da el título de *lugal*, que significa «rey», no *eresh*, que significa «reina consorte». Kubaba es la única mujer en la historia de Sumeria que recibió el título de *lugal*.

La leyenda de cómo Kubaba se convirtió en reina es inusual. Parece ser que era cervecera y tabernera en la antigua Kish. En el mundo antiguo, la fabricación de cerveza era una profesión respetada, ya que la cerveza era una bebida cotidiana de la que disfrutaban los antiguos sumerios. La reina Kubaba debió de ser una mujer de negocios independiente y de éxito.

Su legendario ascenso al trono se detalla en la *Crónica de Weidner*, que afirma que el dios Marduk vio a Kubaba pedir a un pescador que pescara un pez y lo ofreciera en el templo dedicado a Marduk en Esagila. A cambio, ella alimenta al pescador. Cuando el dios Marduk observa este acto de veneración por parte de Kubaba, queda tan impresionado por su devoción que le concede la realeza de Sumer.

El rey Eannatum: el conquistador

El rey Eannatum gobernó Lagash entre el 2500 y el 2400 a. C. Lagash era una ciudad-estado que también gobernaba Girsu, otra ciudad-estado. A estas dos ciudades-estado se les asignaron tierras fértiles en Gu-Edin o Guedena. Al norte se encontraba Umma, otra ciudad-estado que también cultivaba tierras fértiles en Guedena. Esto causó adversidades entre las ciudades-estado, sobre todo porque Lagash y Girsu se ayudaban mutuamente en forma de préstamos cuando necesitaban suministros.

Un tratado establecido por Mesilim, rey de Kish, durante la III Dinastía evitó que Lagash y Girsu entraran en guerra con Umma. Este tratado se inscribió en un pilar que se colocó en Guedena.

El rey Eannatum no rompió inmediatamente este tratado una vez que empezó a conquistar regiones. Tenía un plan de acción bien ideado para establecer un imperio. Comenzó invadiendo Elam, al este de Sumer, en el actual Irán. Elam tenía acceso al estaño, que se utilizaba para fabricar bronce. Además, Elam contaba con una red comercial establecida que aportaba riqueza a la zona.

La siguiente ciudad-estado conquistada fue Urua, en la fértil región de Susiana. Con estas dos victorias, Eannatum tuvo la confianza suficiente para invadir Umma. Tras su victoria en Umma, el rey Eannatum tenía control sobre la fértil Guedena, acceso a más soldados, materiales para armamento y la ambición de seguir expandiendo su reino.

Un dato interesante sobre el rey Eannatum es que ni su padre, el rey Akurgal, ni su abuelo, Ur-Nanshe, aparecen en la Lista Real Sumeria. El rey Eannatum es el primer rey de Sumeria históricamente verificable.

La guerra en la antigua Sumeria

La necesidad de tierras fértiles y de agua suficiente para la agricultura, así como de agua potable para animales y humanos, creaba constantes conflictos entre las ciudades-estado.

A medida que las ciudades-estado crecían y aumentaban su población, la necesidad de tierra, agua y otros recursos llevó al desarrollo de armas, tecnología, estrategia y ejércitos para conquistar las ciudades-estado vecinas y las regiones circundantes.

La primera prueba arqueológica verificable de una guerra seria y estratégica se produjo cuando el rey Eannatum de Lagash conquistó la ciudad-estado de Umma en torno al año 2525 a. C. La famosa Estela de los buitres, conservada en el Louvre, representa a buitres y leones arrancando carne de cadáveres en una llanura desértica.

El victorioso rey Eannatum era un maestro de la propaganda y ordenó la creación de esta estela pictórica que lo mostraba al frente de guerreros en un carro tirado por asnos. Esta estela muestra que los sumerios luchaban en formación de falange y que los guerreros llevaban armaduras, cascos de cobre, lanzas y hachas. El rey Eannatum fue herido en el ojo por una flecha en la batalla, lo que solo hizo que se decidiera más a ganar y conquistar más ciudades-estado.

Estela de los buitres, vista frontal y posterior

Fondo: Kikuyu3Elementos: Eric Gaba (Usuario: Sting) Composite: पाटलिपुत्र (talk) 10:52, 30 abril 2020 (UTC), CC BY-SA 4.0 https://creativecommons.org/licenses/by-sa/4.0/ ,vía Wikimedia Commons; https://commons.wikimedia.org/wiki/File:Stele_of_the_Vultures_in_the_Louvre_Museum_(e nhanced_composite).jpg

Las estrategias utilizadas en esta batalla están bien detalladas en la estela y en muchas tablillas de arcilla que hablan de las victorias del rey Eannatum. Luchar en formación de falange requiere entrenamiento, disciplina y planificación, y todo ello se atribuye al rey Eannatum.

El avance tecnológico de los cascos de bronce denota el desarrollo de la primera respuesta defensiva en la guerra. Hizo de la maza, un arma con asta y cabeza de piedra, un arma inferior en el campo de batalla.

El rey Eannatum condujo a su ejército al campo de batalla en un carro con ruedas, lo que se considera una importante innovación tecnológica en la guerra. Aunque se hace referencia a él como carro, es más exacto llamarlo «carro de combate», ya que carecía de maniobrabilidad y velocidad.

También se cree que los sumerios inventaron el anillo de rienda para controlar mejor a los asnos y un eje delante de la plataforma del carro. Este eje, con toda probabilidad, no se habría utilizado durante las batallas, ya que aumentaba el peso del carro y disminuía la estabilidad cuando se desplazaba a mayor velocidad.

Más tarde se desarrollaron las jabalinas y las hachas. Los arcos y las flechas brillaban por su ausencia en estas batallas. Los expertos sostienen que la visión de un oponente montado en un carro frente a la formación de falange ahuyentaba al enemigo.

Unificación de las ciudades-estado

Se dice que el rey Etana de Cis unió por primera vez muchas de las ciudades-estado. Tras su muerte, hacia el 2800 a. C., estas ciudades-estado volvieron a separarse. Comenzaron a desafiarse y a conquistarse mutuamente, y la Sumeria anteriormente unificada se convirtió en objetivo de otras regiones, como los elamitas y los posteriores acadios.

Capítulo 9 - Cultura e innovación

Los antiguos inventos sumerios son un testimonio de lo que la mente humana es capaz de hacer en condiciones extremas y adversas. La capacidad de la mente para formar pensamientos e ideas originales queda ilustrada de forma única por la civilización sumeria. Inventaron sistemas, herramientas, equipos y métodos para hacer frente a todos los aspectos de la vida cotidiana individual y comunitaria. Adaptaron sus estilos de vida y su cultura para prosperar en el entorno en el que vivían.

Inventos como la rueda, algo sin lo que hoy no podemos vivir, fueron inventados por los sumerios. Otros inventos asombrosos que seguimos utilizando hoy en día son los juegos de cosméticos, las arpas, los martillos, las hachas, las armas, el arado, el velero y el lenguaje escrito, entre otras cosas.

La forma más antigua de escritura

Se cree que la escritura cuneiforme es la forma más antigua de escritura. Se inventó para llevar un registro de las transacciones, el almacenamiento y los asuntos administrativos; en otras palabras, era una antigua forma de contabilidad. De simples dibujos se pasó a pictogramas estilizados y después a la escritura logosilábica, que podía utilizarse para expresar conceptos y pensamientos.

El primer descubrimiento de escritura cuneiforme se produjo en el yacimiento arqueológico de Jemdet Nasr. Este asentamiento data del periodo Ubaid y se prolongó hasta el Dinástico Arcaico. Estas tablillas de Jemdet Nasr datan de la segunda mitad del cuarto milenio antes de Cristo. La escritura es protocuneiforme o arcaica. La protocuneiforme es una escritura compleja, y los expertos sostienen que incluye signos numéricos y no numéricos. La escritura de las primeras tablillas aún no se ha descifrado, pero se supone que es sumeria.

Con el paso del tiempo, la escritura fue adquiriendo el aspecto icónico en forma de cuña que hoy asociamos con el cuneiforme. Los archivos de Uruk y otros yacimientos excavados conservan tablillas contemporáneas de la misma protoescritura que evolucionó hasta convertirse en verdadera cuneiforme, pasando primero a una mezcla y luego a signos logosilábicos.

Las tablillas son principalmente administrativas y detallan listas de animales, objetos y alimentos que se distribuían a los habitantes, lo que sugiere la existencia de una autoridad centralizada encargada de la distribución. Las tablillas de arcilla contienen complejos cálculos del tamaño exacto de los campos agrícolas, lo que constituye el registro más antiguo de este tipo de cálculos. Algunos textos calculan la distribución de cerveza, grano y fruta a comerciantes y jornaleros, mientras que otros presentan un detallado sistema de contabilidad del ganado.

Hacia el año 2400 a. C., el cuneiforme se adaptó para escribir la lengua acadia, y posteriormente se adaptó para las lenguas asiria y babilónica. Estas son lenguas semíticas y constituyen la base de las actuales escrituras hebrea y árabe. La escritura cuneiforme fue adoptada y adaptada con el tiempo para escribir casi todas las lenguas del antiguo Próximo Oriente. El acadio se convirtió en la lengua franca, excepto, por supuesto, la antigua lengua egipcia. Pero incluso los escribas egipcios conocían el cuneiforme. La correspondencia diplomática internacional descubierta en los archivos de Tell el-Amarna de la época del faraón Akenatón y la reina Nefertiti (c. siglo XIV a. C.) contenía varias cartas cuneiformes de varias naciones del antiguo Próximo Oriente.

La lengua sumeria y la escritura cuneiforme fueron conocidas por los escribas hasta el siglo I de nuestra era. Los lexicones sumerios y la literatura con traducciones a otras lenguas del Próximo Oriente formaban parte de la formación de los escribas. Gracias en parte a estos léxicos, los eruditos pudieron confirmar la existencia de los sumerios. Las traducciones modernas de la literatura sumeria en forma de mitos, leyendas, himnos de templos y poemas proceden en su mayoría de estas antiguas copias de escribas que se han encontrado en archivos de todo el antiguo Próximo Oriente.

Innovaciones agrícolas

Las tierras situadas entre las partes bajas de los ríos Tigris y Éufrates eran fértiles porque las inundaciones estacionales depositaban limo en las llanuras aluviales. Las lluvias eran escasas, por lo que los sumerios disponían de demasiada o muy poca agua para los cultivos. Tuvieron que inventar ideas innovadoras para regar sus cultivos y, al mismo tiempo, proteger los asentamientos y las cosechas de la destrucción causada por las graves inundaciones que se producían ocasionalmente.

Los sumerios desarrollaron sistemas de drenaje e irrigación para garantizar un suministro constante de agua para los cultivos, las personas y el ganado durante todo el año. Los antiguos agricultores utilizaban los diques naturales creados por las crecidas de los ríos para controlar el agua. Construyeron nuevos diques de tierra y diques a lo largo de las riberas de los ríos para controlar el agua durante las inundaciones. Cuando los campos se secaban, los antiguos sumerios hacían agujeros en los diques para que el agua fluyera entre los campos. Se abrían zanjas en los campos para llevar el agua a los cultivos. Los sumerios también conservaban el agua construyendo presas y embalses, desde los que los canales llevaban el agua a las ciudades y los campos.

La construcción de canales no se limitaba al uso agrícola. Se construyeron canales para desviar las aguas de las inundaciones lejos de las aldeas y ciudades. Estos mismos canales podían utilizarse para regar las tierras durante los periodos secos. También se construyeron canales para desviar el agua de los ríos hacia el interior y poder cultivar más. Los canales más grandes se utilizaban como vías fluviales para transportar mercancías y alimentos.

Los antiguos ingenieros idearon sistemas de irrigación que variaban en profundidad y diseño en función de la geografía natural de la zona. Los grandes canales se construían directamente a partir de los ríos. Se bifurcaban en canales más pequeños y luego en surcos o zanjas aún más pequeños que desembocaban directamente en los campos.

Los antiguos sumerios disponían de un intrincado sistema de irrigación y, en ocasiones, construían acueductos y canales elevados para adaptarse a los problemas topográficos. Otros avances en los sistemas de riego incluían mecanismos como el shaduf (cigoñal), que era un poste pivotante con un cubo en un extremo y un peso en el otro. El shaduf se utilizaba para elevar el agua de los ríos, presas o canales hasta los campos. Más tarde, los sumerios desarrollaron la noria. Se trataba de un dispositivo con ruedas y cubos en el borde que transportaba agua para regar las tierras.

Los sumerios no solo desarrollaron estos intrincados sistemas de riego, sino que también implantaron estructuras administrativas que programaban el dragado, las reparaciones y el mantenimiento de estos sistemas. Esto era de gran importancia, ya que garantizaba el buen funcionamiento y la distribución equitativa del agua. La construcción de los sistemas de riego, su administración general y su mantenimiento programado se registraron en tablillas cuneiformes.

La obstrucción y sedimentación de canales y vías fluviales era un problema constante, especialmente con el agua del río Éufrates, más lento y menos profundo, que arrastraba y depositaba grandes cantidades de limo. El pesado limo del Éufrates contenía cantidades considerables de minerales, incluida la sal. Los arqueólogos y otros expertos de la historia antigua están convencidos de que el profundo y pesado limo que cubre hoy la zona esconde aún muchos secretos por descubrir.

Gracias a estos innovadores sistemas de riego, los sumerios cultivaron con éxito cebada, trigo, dátiles, cebollas, pepinos, manzanas y una gran variedad de hierbas y especias.

Herramientas utilizadas en la agricultura

Al principio, se utilizaban cuernos de animales y palos para hacer surcos en la tierra, y las semillas se sembraban y regaban a mano. Esto requería mucho trabajo y los resultados eran limitados. A medida que aumentaba la población, los sumerios se dieron cuenta de que tenían que encontrar la forma de cultivar más tierra para obtener una cosecha mayor.

Los arqueólogos han descubierto pruebas de que el primer arado se remonta al menos a principios del cuarto milenio a. C. Los sumerios desarrollaron un arado de siembra a principios del periodo Dinástico Arcaico. El arado sembrador permitía a los agricultores utilizar bueyes para labrar la tierra y plantar las semillas simultáneamente. Estas innovaciones aumentaron enormemente las cosechas y proporcionaron excedentes de grano para la exportación.

Almanaque agrícola sumerio

Esta tablilla de arcilla con 111 líneas de texto cuneiforme fue descubierta en el yacimiento de Nippur. Se trata de un conjunto de instrucciones de un padre a su hijo en las que se detalla cómo debe prepararse la tierra y en qué época del año debe procederse a la siembra de los cultivos. En él se indica que se debe prever un buey adicional para tirar del arado, una prueba más de que el arado ya se utilizaba en aquella época. El manual de instrucciones también proporciona información sobre cuándo y cómo cosechar.

La invención del calendario

Es posible que el calendario lunar sumerio se inventara con fines religiosos y para actividades agrícolas. El calendario permitía a los sumerios determinar en qué fase de la agricultura debían centrarse. Les permitía conocer con antelación las estaciones y las inundaciones inminentes para que pudieran hacer los preparativos necesarios.

El calendario lunar funcionaba correctamente para periodos cortos, pero los sumerios pronto se dieron cuenta de que era inadecuado para periodos más largos. Su calendario lunar tenía un año de 354 días en doce meses, que los sumerios redondearon a 360 días.

El calendario lunisolar sumerio

A finales del periodo Dinástico Arcaico, los matemáticos, astrónomos, sacerdotes y escribas sumerios habían ideado un calendario lunisolar. Esto significaba que el calendario estaba sincronizado con los tres ciclos naturales:

1. El día y la noche se dividían en dos periodos de doce horas.
2. El mes lunar se basaba en los ciclos mensuales de la luna, y una semana podía basarse en cada fase del ciclo mensual.
3. El ciclo solar funcionaba según los cambios en la elevación del sol sobre el horizonte a lo largo de un año.

Los sumerios calculaban doce meses lunares para un año, y tardaban unos 354,36 días en completar el ciclo de un año lunar. Esto no coincidía con los ciclos del sol. Los antiguos sumerios calculaban estas diferencias y las compensaban añadiendo un mes más cada dos o tres años. Esto se hizo finalmente por decreto real, ya que en aquella época todavía no se medían las alineaciones precisas de los años lunar y solar, al menos por lo que sabemos. Los babilonios posteriores fueron los primeros en calcular estas diferencias con mayor precisión.

En general, se acepta que los meses, las semanas y los días se utilizaron por primera vez durante el periodo Ur III, y existen documentos que detallan que cuatro semanas formaban un mes. Los meses se dividían en dos mitades, que se basaban en los ciclos creciente y menguante de la luna.

Aunque los sumerios no calcularon el calendario con exactitud, sigue siendo una magnífica proeza de la astronomía y las matemáticas.

Desarrollo del sistema jurídico sumerio

Cuando los seres humanos conviven en sociedad, necesitan normas y reglamentos. Como civilización plenamente desarrollada, los sumerios tenían leyes de forma natural, incluso antes de que se registrara la historia. Puede que las leyes no fueran las mismas en todas las ciudades-estado, pero se puede suponer que eran similares porque la cultura, la lengua y los estilos de vida eran parecidos.

Se creía que los códigos inscritos por el rey Hammurabi de Babilonia (1792-1750 a. C.) eran las primeras leyes escritas. Esto es incorrecto; el rey sumerio Ur-Nammu hizo inscribir leyes alrededor del año 2100 a. C.

El primer código de leyes conocido se llamaba Código de Urukagina. Fue el último rey de la ciudad-estado de Lagash en el siglo XXIV a. C. No existen copias de este código legal preacadio; solo se tiene conocimiento de él a través de referencias en otros escritos. Se dice que el Código legal de Urukagina protegía a las viudas, los huérfanos y los pobres mediante exenciones fiscales.

El código legal de Ur-Nammu

Tabla con dos fragmentos excavados en Nippur que datan de c. 2150-2050 a. C.
Museos Arqueológicos de Estambul, CC0, vía Wikimedia Commons;
https://commons.wikimedia.org/wiki/File:Ur_Nammu_code_Istanbul.jpg

El primer texto del código legal más antiguo que se conserva, el Código de Ur-Nammu, fue hallado en Nippur. Este Código estaba incompleto, pero las copias posteriores encontradas en Ur permitieron a los expertos reconstruir la mayor parte del mismo. Se trataba en gran medida de un código legal del tipo «ojo por ojo» para delitos graves, aunque los expertos se sorprendieron al descubrir que muchos delitos corporales a veces conllevaban multas en lugar de castigos físicos. Una excepción era la ley por la que se castigaba a un hijo que golpeaba a su padre cortándole la mano. El código también trataba asuntos públicos y civiles.

Muchos expertos creen que las leyes deben atribuirse al hijo del rey Ur-Nammu, Shulgi, porque parece que se distribuyeron ampliamente y se expusieron públicamente durante su reinado.

La vivienda sumeria

La estratificación social parece haberse afianzado firmemente en el periodo Dinástico Arcaico. Para entonces, el modelo primitivo de familias extensas que compartían la carga del trabajo agrícola hacía tiempo que había sido sustituido por la ayuda externa y los crecientes avances tecnológicos. El resultado natural de una vasta producción de alimentos liberó manos para el desarrollo de otras industrias, y las necesidades de mano de obra pudieron satisfacerse para proyectos de construcción monumentales.

Los sumerios del periodo Ubaid vivían en casas tripartitas. Esta planta servía de base para todos los edificios. A medida que su sociedad, cultura y religión progresaban, empezaron a construir estructuras más elaboradas, como templos, zigurats y magníficos palacios. Más tarde, las casas de la clase alta a veces tenían varios pisos. Estas casas seguían utilizando la planta tripartita de principios del periodo Ubaid.

Las primeras murallas se construyeron para protegerse de las inundaciones. Más tarde se construyeron con fines defensivos. Estas murallas también tenían un elemento social. La ubicación de la casa dentro de las murallas indicaba el estatus social. Las casas se construían en los suburbios, y cuanto más cerca del zigurat estaba una casa, más alto era su estatus en la sociedad. Los funcionarios, los sacerdotes y las élites vivían en los suburbios, mientras que los comerciantes, tenderos y pescadores vivían en las afueras de la ciudad y, a veces, fuera de las murallas.

Música

En las excavaciones arqueológicas se encontraron instrumentos musicales sumerios como objetos funerarios. Los músicos y sus instrumentos aparecen representados en obras de arte. Había instrumentos de cuerda, viento y percusión.

Los músicos de Mesopotamia estaban debidamente formados y constituían una clase profesional reconocida. Los sumerios debían de encontrar la música relajante en instrumentos como liras y flautas de hueso o caña. También se han descubierto tambores de mano y sonajas. Sabemos que a los sumerios les encantaba cantar, como puede verse en las lamentaciones. En algunas de las salas de fiestas donde se excavaron platos y jarras de cerveza también se encontraron instrumentos musicales.

Sello cilíndrico hallado en la tumba con la inscripción Pu-A-Bi- Nin (reina Puabi), que muestra a sus asistentes tocando la lira
Nic McPhee de Morris, Minnesota, EE. UU., CC BY-SA 2.0
https://creativecommons.org/licenses/by-sa/2.0/ *, vía Wikimedia Commons;*
https://commons.wikimedia.org/wiki/File:Flickr_-_Nic%27s_events_-_British_Museum_with_Cory_and_Mary,_6_Sep_2007_-_185.jpg

Se encontraron instrumentos musicales en los enterramientos de las élites, como en la tumba de la «dama de Puabi», también llamada «reina de Puabi». Esta tumba se encontró en el cementerio real de Ur. Su tumba se consideró de élite y se cree que pudo gobernar por separado y sin marido. Su ajuar funerario era magnífico.

La cabeza de toro de la lira hallada en la tumba de la reina Puabi

Arte y artesanía

El arte y la artesanía sumerios estaban limitados por los elementos naturales de su región geográfica. Recurrían a la arcilla o al barro cocido para producir cerámica, platos y estatuas. En comparación, los griegos utilizaban el mármol, que estaba fácilmente disponible, para producir enormes estatuas.

Arte sumerio

Se han descubierto enormes esculturas de la deidad patrona de cada ciudad-estado; ¡algunas son incluso de tamaño natural! Estas estatuas eran magníficas en proporciones y estaban decoradas para ganarse el favor de los dioses. Llevaban incrustaciones de conchas, piedras preciosas y mosaicos de colores con motivos geométricos. Se han encontrado representaciones en arcilla y piedra que muestran combates o cacerías, lo que nos dice mucho sobre la vida cotidiana de los hombres sumerios.

Artesanía

Se fabricaban intrincadas sillas de madera y caña con incrustaciones de conchas y mosaicos. Los arqueólogos han excavado hermosas cerámicas, estatuas y retratos de animales creados con mosaicos y conchas. La cerámica de los antiguos sumerios era tan bella que se utilizaba para pagar los bienes comerciados con las ciudades-estado vecinas.

La joyería sumeria era magnífica. Los artesanos incrustaban oro con lapislázuli y otras piedras preciosas para la élite, como indican los ajuares funerarios. Los pobres también llevaban joyas, pero se fabricaban con conchas, madera, semillas y huesos.

Collares y tocados sumerios reconstruidos hallados en la tumba de Puabi. Este conjunto se encontró en tres de sus asistentes, y esta reconstrucción se conserva en el Museo Británico
Museo Británico, CC BY-SA 3.0 https://creativecommons.org/licenses/by-sa/3.0 *vía Wikimedia Commons;*
https://commons.wikimedia.org/wiki/File:Reconstructed_sumerian_headgear_necklaces_briti
sh_museum,JPG

Otras artesanías intrincadas son los cascos con incrustaciones utilizados por los soldados, los sellos cilíndricos y las mesas decoradas.

Telas sumerias

La ropa sumeria se confeccionaba con lino o lana. Las mujeres se encargaban de tejer. El tejido era una habilidad esencial en la que los sumerios destacaban. Las cañas abundaban en las marismas y en las orillas de los ríos. Las cañas frescas son flexibles, lo que permitía a los sumerios utilizarlas de múltiples maneras.

Por ejemplo, los antiguos sumerios llevaban sandalias hechas de juncos tejidos. También fabricaban cestas muy duraderas. Eran lo bastante resistentes como para transportar la arcilla de los adobes desde el río hasta el lugar de fabricación. También se utilizaban para transportar grano.

Las grandes cestas tejidas se colocaban a lomos de animales de carga, como los asnos. Las pruebas sugieren que las cestas sumerias eran de excelente calidad. Se exportaban y se han encontrado en yacimientos de toda la región. También se han encontrado registros de telas sumerias exportadas en varios yacimientos del Próximo Oriente.

Las cestas de junco impermeabilizadas con betún se utilizaban para transportar agua. Las cañas tratadas con betún se utilizaban para cerrar canales, de forma muy parecida a la esclusa actual.

Las casas y otros edificios tenían esteras tejidas con juncos recubiertas de betún. Formaban los cimientos y protegían los adobes.

La vida cotidiana

Hubo tiempos en que la vida de todos los habitantes de la antigua Sumeria era cómoda y segura. Todos tenían casa, comida suficiente y tiempo para el ocio. Pero los tiempos cambian. A medida que la civilización maduraba, perdía su inocencia. La riqueza personal y el poder crearon una estratificación social, y la codicia y la envidia sustituyeron a la actitud de compartir.

La vida cotidiana en Sumeria era dura para los trabajadores; se pensaba que una jornada laboral duraba diez horas. Las profesiones de los hombres incluían la enseñanza, la construcción y la agricultura, mientras que las mujeres solían quedarse en casa para ocuparse de las tareas domésticas y criar a los hijos. Las familias adineradas podían contratar tutores para educar a sus hijos en casa.

El pueblo disfrutaba de actividades recreativas, como el boxeo, las carreras, la lucha libre, la caza, la narración de cuentos, el baile y la música. Así lo atestiguan algunas de las más de 120.000 tablillas de arcilla halladas en la biblioteca de Asurbanipal, excavada en Nínive, y otros importantes yacimientos arqueológicos, como Ur, Uruk, Nippur y Larsa.

Escuela

Las escuelas estaban dirigidas por sacerdotes. Los sacerdotes pegaban a los niños si no iban bien en la escuela, ya que se creía que una lección solo podía reforzarse con una buena paliza; por lo tanto, solo los niños podían asistir a la escuela. Sin embargo, como se creía que la mayoría de los sumerios eran analfabetos, es probable que solo fueran a la escuela los chicos de las clases altas y los que buscaban ciertos puestos para ascender en la sociedad. Normalmente, solo las niñas de las clases elitistas podían tener una educación formal. Sus padres contrataban a un tutor para que pudiera aprender en casa.

Juegos y juguetes

Los antiguos sumerios eran muy trabajadores, pero comprendían que debía existir un equilibrio entre el trabajo y la vida familiar. Fabricaban juguetes para que sus hijos jugaran, como peonzas, tirachinas, pelotas, cuerdas para saltar, sonajeros y aros. Según algunas fuentes, las niñas tenían juguetes parecidos a casas de muñecas, con muebles en miniatura. Los niños tenían incluso carros y carruajes en miniatura que se tiraban con cuerdas o cordeles y barcos en miniatura que flotaban.

Juegos de mesa

El juego de mesa hallado en el cementerio real de Ur es muy complejo. El tablero data del III milenio a. C. e indica que dos jugadores opuestos utilizaban la estrategia, el tiempo y la suerte para vencer al otro jugador, de forma muy parecida a una partida de ajedrez. Se han encontrado pruebas de este juego en toda Sumeria, Mesopotamia, Creta y Sri Lanka.

Los sumerios inventaron otros juegos de mesa, uno de los cuales se conoce como veinte casillas o cincuenta y ocho agujeros. Las piezas del tablero se movían a los agujeros, pero aún no se han descubierto las reglas ni los objetivos del juego. Otros juegos utilizaban dados, y algunos juegos estaban asociados a las apuestas. Los juegos de mesa eran practicados por todas las clases sociales.

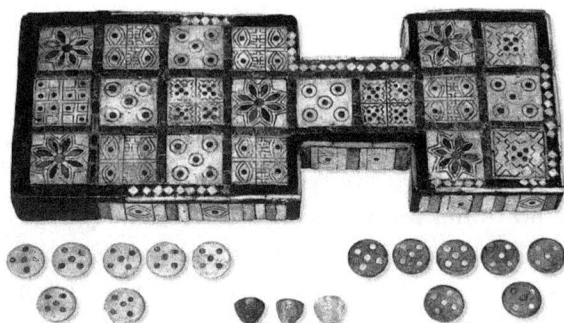

El zumbido de los botones

Los sumerios jugaban a un juego llamado zumbido de los botones. Para empezar, se necesitaba un círculo hecho de arcilla. A este disco circular se ataba una cuerda o cordel. El objetivo del juego era balancear el disco con un trozo de cuerda o hierba lo más rápido posible. Una vez que iba lo suficientemente rápido, emitía un zumbido. El ganador sería la persona cuyo disco de arcilla hiciera el sonido más fuerte.

Avances tecnológicos

No cabe duda de que los sumerios eran un pueblo muy innovador. Cuando se enfrentaban a un problema, simplemente encontraban la forma de superarlo, ya fuera navegar por el agua, regar los campos, defenderse o calcular el tiempo y las ecuaciones matemáticas. Lo hicieron todo. Y lo más asombroso es que lo hicieron sin ayuda ni conocimientos previos.

Matemáticas, aritmética, geometría y astronomía

En la antigua Sumeria, la gente pronto aprendió que si iban a comerciar entre sí y con otras ciudades-estado, tenían que desarrollar un sistema que les permitiera contar, tomar medidas de la tierra y pagar salarios a los trabajadores. Las tablillas que datan del 2500 a. C. contienen mediciones detalladas de la tierra, contabilidad y registros de impuestos.

Se han descifrado cálculos de división, multiplicación, geométricos y algebraicos a partir de tablillas de arcilla que datan del 2600 a. C. Además de estos cálculos, también se han encontrado tablillas en las que se utilizaban las matemáticas y que representaban cartas astrales para la navegación y un calendario lunar detallado, así como el primer zodiaco, que estaba dividido en doce secciones.

Sistema numérico

Los sumerios crearon un sistema numérico sexagesimal. Esto significa que todos los cálculos se realizaban tomando como base el número sesenta. Este sistema ya estaba en vigor en el tercer milenio antes de Cristo. Los sumerios convirtieron este sistema numérico en sesenta segundos y sesenta minutos, que se convirtieron en una hora. También fueron los primeros en crear el círculo de 360°. El primer ábaco también fue un invento sumerio.

Astrología

Los antiguos sumerios tenían una religión politeísta y adoraban a un gran número de dioses y diosas de aspecto humano. Se creía que estas deidades controlaban el sol, la luna y los planetas, así como fenómenos naturales como el viento y la lluvia. Los antiguos astrónomos sumerios descubrieron que los planetas y las estrellas se movían siguiendo patrones específicos alrededor del sol y la luna. Para ellos, era como si los dioses enviaran mensajes codificados que debían interpretar. Así fue como se desarrolló su creencia en la astrología.

Los sumerios utilizaban sus cálculos matemáticos para determinar los ciclos del sol, la luna, los planetas y las estrellas y determinar cosas como las lunas llenas, las medias lunas y las fases creciente y menguante de la luna. También calculaban y predecían los eclipses.

Barcos sumerios

La invención del barco se atribuye a los sumerios, que utilizaban el Tigris y el Éufrates como rutas comerciales. En aquella época, la ciudad-estado de Ur también estaba situada a orillas del golfo Pérsico. Las embarcaciones se construían con juncos atados entre sí y cubiertos con pieles de animales. Los primeros ejemplos de embarcaciones de junco eran modelos de cerámica encontrados en yacimientos como Eridu, Uruk y Tell el-'Oueili. Los detalles de los modelos cerámicos son tan claros que muestran incisiones, imitando las cañas que se habrían utilizado para construir una embarcación real. Otro ejemplo representa un barco de juncos con mástiles y velas. Además, se han descubierto trozos excavados de junco con betún y percebes. Se trata de piezas de un barco real, lo que lo convertiría en la embarcación marinera más antigua del mundo.

Los barcos de junco mesopotámicos datan de alrededor del año 5500 a. C., es decir, el Neolítico temprano del periodo Ubaid. Se fabricaban con manojos de juncos atados con cuerdas e impermeabilizados con betún. Además, estas embarcaciones solían tener largas pértigas para empujarlas río abajo. Algunos tenían mástiles para las velas. Las velas eran de lino. Para izarlas se utilizaban cuerdas. Algunos descubrimientos indican que estas barcas de juncos tenían la proa hacia arriba para protegerse de las olas.

Bronce

Las pruebas demuestran que la fundición de cobre se inició ya en el año 6000 a. C. en Sumeria. Los arqueólogos dataron la fabricación del bronce, que se obtiene fundiendo estaño y cobre juntos, en torno al año 3.500 a. C.

El uso del cobre fue una de las principales innovaciones de los sumerios, y ciudades como Ur, Uruk y Tell al-'Ubaid demuestran que fabricaban herramientas, como puntas de flecha, arpones, cinceles y hachas, con cobre y que más tarde progresaron hacia el bronce. El bronce era más duro y hacía que las armas fueran más mortíferas. El cobre se utilizaba para objetos personales como navajas, jarras y elaborados recipientes para beber.

Esta águila con cabeza de león (Imdugud o Anzu), símbolo del dios Ningirsu. El águila sujeta dos ciervos, uno a cada lado. Este panel se encontró en la base del templo de Ninhursag, en Tell al-Ubaid. Está hecho de cobre y data de alrededor del 3100 a. C.

Vassil, CC0, vía Wikimedia Commons;
https://commons.wikimedia.org/wiki/File:British_Museum_Middle_east_14022019_Panel_I_mdugud_2500_BC_3640.jpg

Armas

La Edad de Bronce dio lugar a armas más potentes. Las ciudades-estado podían luchar e invadir otras ciudades-estado con mayor confianza gracias a esta nueva aleación más dura. Los cuchillos, puntas de lanza y puntas de flecha de bronce hicieron que las armas fueran más duraderas y mortíferas en las batallas.

La primera forma de identificación

Los antiguos sumerios llevaban un registro escrito de todas sus transacciones, pero la mayoría no sabía leer ni escribir en cuneiforme. Los sumerios que no sabían leer ni escribir encargaban un sello cilíndrico con pictogramas únicos, como una firma. Esta forma de identificación no era solo para los que no sabían leer ni escribir. Era el método preferido para marcar mensajes, bienes comerciales o cualquier otra propiedad. Se han excavado miles de estos sellos cilíndricos. Muchos de ellos pertenecen a la clase trabajadora, aunque los más elaborados eran utilizados por la clase alta.

Sellos sumerios

Los sellos sumerios datan del año 5000 a. C. Estos objetos tienen marcas sencillas para denotar el número de mercancías vendidas. Los arqueólogos han encontrado sellos en puertas de almacenes, cestos y bolsas. Alrededor del año 3500 a. C., los sellos se convirtieron en sellos cilíndricos, que podían enrollarse sobre arcilla húmeda, dejando una marca permanente.

Sello cilíndrico de Adda
Nic McPhee de Morris, Minnesota, EE. UU., CC BY-SA 2.0
https://creativecommons.org/licenses/by-sa/2.0/ vía Wikimedia Commons;
https://commons.wikimedia.org/wiki/File:Adda_Seal_Akkadian_Empire_2300_BC.jpg

Proceso de fabricación de la cerveza

Se suponía que otra interesante primicia de los sumerios era la elaboración de cerveza, hasta que se descubrieron restos de cerveza en vasijas de Göbekli Tepe. Se cree que en este yacimiento se fabricaba cerveza miles de años antes de que los sumerios la elaboraran. Sin embargo, se han encontrado pruebas de una receta sumeria de cerveza en un poema dedicado a Ninkasi que data de c. 3900 a. C. Este poema dedicado a la tutela de la diosa de la cerveza también muestra el importante papel que desempeñaban las mujeres en la sociedad, ya que eran las principales elaboradoras de cerveza en la antigua Sumeria.

Las pruebas arqueológicas de la cerveza sumeria se remontan al año 3500 a. C., ya que se encontraron restos químicos de cerveza en jarras excavadas. Las representaciones de beber cerveza muestran que se hacía con pajitas debido a la consistencia espesa del líquido. De este modo se evitaba que la gente tragara los sólidos amargos que quedaban de la fermentación.

Capítulo 10 - Mitos y religión

La religión sumeria era tan compleja como el origen de su pueblo. Los textos antiguos que se han descifrado nos dicen que cada ciudad sumeria tenía una deidad principal. Aunque humanos y dioses convivían, los humanos solo estaban para servir y adorar a los dioses.

El panteón sumerio contaba con cientos de dioses y diosas e incluso algunos demonios. Todas las deidades sumerias estaban emparentadas y su comportamiento era extraordinariamente humano. Actuaban con compasión, bondad, rabia, celos, traición, rencor y todas las demás emociones de las que somos capaces los humanos, tanto las buenas como las malas.

El panteón principal de deidades eran hijos y madres, hermanas y hermanos, o padres e hijas que se casaban entre sí. El sol, la luna, los planetas, los animales y las plantas se manifestaban como dioses y diosas.

Los escribas utilizaban tablillas de arcilla para contar historias que antes se transmitían oralmente de generación en generación en cada tribu. Los descubrimientos arqueológicos de largas tablillas cuneiformes de arcilla llenas de mitos y leyendas se consideran los mitos más antiguos del mundo. Permiten a los expertos comprender la ideología y las creencias de los sumerios.

Se creía que las deidades eran responsables de todo lo que ocurría en el mundo de los cielos y de los humanos.

El desarrollo del panteón

Los sumerios creían que la Tierra era plana y estaba encerrada en una cúpula que formaba los cielos por encima y el inframundo por debajo. Este era el universo sobre el que gobernaban las deidades. Estas bendecían a los humanos con buenas cosechas o, alternativamente, con castigos si los humanos les desagradaban.

Las tablillas cuneiformes del tercer milenio a. C. atribuyen la creación del mundo a cuatro deidades principales: Enlil, Enki, Ninhursag y An. Estas deidades presidían los acontecimientos diarios, como las enfermedades, la salud, las cosechas y las inundaciones. Determinaban la riqueza, la pobreza y otras experiencias humanas. Por lo general, se consideraba que estos dioses ayudaban a los humanos, pero podían ser caprichosos, traviesos y malévolos. Así explicaba el pueblo acontecimientos y catástrofes como terremotos e inundaciones.

Enlil - El dios del aire

Enlil, el dios del aire, era la deidad más importante para los sumerios. Su aliento podía traer vientos suaves o huracanes, y era la manifestación de la energía, la autoridad y la fuerza. También era el dios de la agricultura, y el pueblo dependía de él para su sustento y riqueza. Uno de los mitos que rodean a Enlil dice que fue desterrado al inframundo después de violar a su consorte, Ninlil, la diosa del grano. Este mito se desarrolló para explicar los ciclos agrícolas: la fertilización de la tierra, la maduración de las cosechas, la recolección y la inactividad durante los meses de invierno.

An - Padre de los dioses

An, también conocido como Anu, era el jefe del panteón sumerio y considerado el padre de los dioses, el gobernante supremo que mantenía la existencia de los cielos y la Tierra. An aparece a menudo en el trasfondo de los mitos; rara vez era la figura central.

Uno de los principales centros de culto era Uruk, a la que a veces se llamaba «la ciudad de Anu». An era el padre del dios Enlil y se lo representa como un ser humano con un tocado de cuernos o como un toro con cabeza humana. Como dios principal, An daba órdenes a los demás dioses y diosas. En mitos posteriores, cedió su poder a su hijo Enlil y se volvió más lejano.

Enki - Dios de la sabiduría y la magia

Al principio, la Tierra estaba rodeada por un antiguo mar de agua salada. El agua dulce procedía de debajo de la Tierra, de un mar subterráneo llamado Abzu. Enki vivía en el Abzu y era conocido por su picardía. Según los antiguos textos sumerios, Enki era viril y encarnaba la masculinidad. Sus representaciones suelen incluir elementos sexuales, en particular las características vivificantes del semen del dios y las aguas dulces del Abzu para fines agrícolas. En el arte, aparece como un dios barbudo, con túnica y tocado con cuernos.

Las hazañas sexuales de Enki incluyen a varias diosas, como su hija Ninmu y su nieta llamada Ninkurra. Enki era hijo de An y tenía el poder de la sabiduría, la magia y los conjuros. A menudo se lo relaciona con la ciudad de Eridu. Las creencias en torno a Enki incluyen el exorcismo. Se creía que las enfermedades y los conflictos eran el resultado de una posesión demoníaca o de poderes divinos desagradables. Por ello, se utilizaban conjuros para eliminar la presencia maligna de personas o lugares.

Representación del dios Enki
https://commons.wikimedia.org/wiki/File:Copia_de_Enki.jpg

92

Ninhursag - Diosa madre

Ninhursag, conocida como la diosa madre, es una de las cuatro deidades de la creación. Una estatuilla de la diosa sugiere que fue venerada durante el periodo Ubaid, alrededor del 4500 a. C. Su nombre significa «Señora de las Colinas Sagradas». Como una de las deidades creadoras, Ninhursag es la diosa de la fertilidad, el parto y el crecimiento. También se la conoce como la madre de la Tierra. A Ninhursag se le pedía que bendijera a los niños nonatos y que asegurara la alimentación tras el nacimiento de un niño.

Era la deidad patrona de Adab, una importante ciudad-estado sumeria. Como madre de los dioses y de los hombres, Ninhursag es la deidad femenina más importante. Todos los mitos de Ninhursag afirman que tenía poder sobre la vida y la muerte. En el mito de Enki y Ninhursag, ella puede extraer o eliminar males y curar enfermedades.

Las representaciones de la diosa madre suelen mostrarla sentada frente a una montaña con una falda a capas, con el pelo al estilo del símbolo griego omega o con un tocado de cuernos. Algunas de sus representaciones incluyen íbices, ciervos, bisontes y águilas.

El motivo del jarrón Entemena representa a Ninhursag como un ciervo con leones que la saludan amistosamente
https://commons.wikimedia.org/wiki/File:Entemena_vase_motif.jpg

Culto y festividades

Los templos de cada ciudad-estado estaban dedicados a su dios o diosa patrón. En los templos, las deidades eran veneradas y asediadas para recibir bendiciones.

Los sacerdotes y sacerdotisas vivían en los templos, lo que les permitía estar disponibles para los rituales diarios y el culto. Eran los únicos autorizados a entrar en los zigurats. Los castradores (persona que realiza ceremonias de castración) y los esclavos del templo vivían en edificios separados cerca del templo.

El pueblo debía rezar a diario o llevar sacrificios a los sacerdotes. Estos sacrificios podían ser estatuas votivas o comida, que los sacerdotes colocaban sobre y alrededor del altar del templo.

Los templos ocupaban un lugar central en la vida de los ciudadanos. El canto y la música formaban parte del culto diario, al igual que el consumo de cerveza y vino. También se celebraban fiestas anuales y mensuales.

El culto privado formaba parte de la vida de los sumerios. Cada sumerio tenía un dios personal o familiar y acudía al templo para llorar, suplicar y lamentarse mientras confesaba sus pecados cotidianos y pedía clemencia. Suplicaban a su dios familiar que interviniera en su favor.

La diosa madre era venerada en festividades por diez vocalistas, diez instrumentistas y sesenta y dos sacerdotes del lamento durante los rituales en Lagash. En general, las festividades incluían música, bailes, beber cerveza de cebada, y comer carne y verduras. Esto es evidente en todos los yacimientos de los templos, ya que los arqueólogos han descubierto platos, vasos y vasijas con restos de cerveza de cebada, así como grandes hornos. Se cocinaban y consumían grandes cantidades de carne, como demuestran los huesos de animales hallados en estos yacimientos.

Las principales salas de fiestas contaban con numerosos hogares, lo que confirma que las fiestas se celebraban durante todo el año, incluso en los fríos meses de invierno.

Festivales anuales

Dumuzi - Este festival sumerio celebraba al dios Dumuzi, el dios de la vida y la muerte. Los festejos pretendían que Dumuzi regresara del inframundo para reunirse con la diosa de la vida, Inanna. Estas celebraciones se realizaban durante el invierno para explicar por qué las cosechas y los campos morían durante el frío.

Fiesta de Inanna - Esta fiesta se centraba en el descenso inicial de la diosa Inanna al inframundo, donde fue cautiva de la diosa de la muerte y el renacimiento, Ereshkigal. Inanna estuvo prisionera en el inframundo hasta que accedió a invocar a Dumuzi para permanecer en el inframundo durante el invierno.

Matrimonio con la diosa - Se creía que esta era la fiesta más importante de la antigua Sumeria. Se celebraba anualmente y se conmemoraba cuando Dumuzi se casaba con Inanna. El rey en funciones representaba a Dumuzi, y una sacerdotisa del templo representaba a Inanna. Estas festividades siempre tenían lugar alrededor del Año Nuevo y se creía que traían prosperidad al rey y a toda Sumeria para el año.

El festival de Akitu - Durante el periodo Uruk tardío, este festival ritual tenía dos procesiones: una de ida a la casa de Akitu y otra de vuelta. Las procesiones estaban dedicadas a los dioses An e Inanna. Se describen como opulentas y ricamente decoradas, y los festejos duraban siete días. Los historiadores sostienen que el festival de Akitu probablemente se originó en Ur durante el equinoccio, ya que coincidía con la aparición del dios lunar Nanna, simbolizado por la luna creciente. Durante el festival de Akitu en Ur, se traía a la ciudad una estatua del dios de la luna Nanna en una barcaza desde la casa de Akitu, situada fuera de la ciudad. Cuando otras ciudades-estado adoptaron este festival, se cambió para venerar al dios o diosa de esa ciudad-estado. Estas representaciones tenían lugar en distintas épocas del año para evitar que coincidieran con la fiesta del dios principal de la luna, Nanna. Este festival era el principal acontecimiento del calendario de Nippur, que era el centro religioso de los sumerios.

Culto en el templo de Enlil

El templo de Enlil, excavado en Dur-Kurigalzu, era un lugar religioso donde se realizaban ofrendas de estatuas votivas, rituales acompañados de música y cantos para el dios Enlil a cambio de bendiciones. Enlil era el dios de los vientos, las tormentas, el aire y la tierra, y se creía que garantizaba que las cosechas se nutrieran lo suficiente y produjeran un buen rendimiento.

Templos dedicados a las divinidades

Antes de los primeros reyes, los dirigentes de la ciudad gobernaban en forma de consejo de ancianos. Su deber era asegurarse de que el dios o diosa patrón y los dioses en general estuvieran satisfechos con los sacrificios, ceremonias y rituales del pueblo. Si los dioses estaban satisfechos, bendecían al pueblo. Su salud sería buena y estarían libres de accidentes y enfermedades.

La arquitectura de los templos era la misma en toda Sumeria. La *cella*, una larga sala central, terminaba en un altar dedicado al dios o diosa del templo. Detrás del altar había una alcoba, donde se colocaba una estatua que representaba a la deidad. En los laterales del edificio rectangular se construían pequeñas habitaciones utilizadas por los sacerdotes y sacerdotisas para dormir. Los templos estaban magníficamente decorados con mosaicos geométricos y frescos que representaban animales y seres humanos.

El Templo Blanco - Dedicado al dios An

El padre de los dioses, An, era venerado en el Templo Blanco de Uruk. Uruk fue una importante ciudad-estado durante el IV milenio a. C. y el dios principal de la ciudad. Este espectacular templo estaba pintado de blanco y tenía cuatro esquinas orientadas en los puntos cardinales.

El templo dedicado al dios Enki

Enki era la deidad principal de Eridu. Las excavaciones arqueológicas realizadas en este yacimiento han descubierto pruebas que se remontan a principios del periodo Ubaid, alrededor del 6500 a. C. Las pruebas demuestran que este templo fue reconstruido y ampliado al menos dieciocho veces. El santuario dedicado al dios Enki tenía un estanque de agua situado en la entrada principal. En la zona del estanque, los arqueólogos han descubierto espinas de peces carpa, lo que induce a pensar que en el propio templo se celebraban banquetes. El templo fue abandonado durante la invasión persa.

Templos dedicados a la diosa madre Ninhursag

Como Ninhursag era considerada la diosa madre, se le dedicaron templos en muchas de las ciudades-estado. Antes de que el pueblo reconociera a Ninhursag como diosa madre, algunos expertos sostienen que era venerada como diosa en toda la región y, por tanto, no tenía un templo importante asociado a una ciudad específica.

En Nippur se excavaron templos dedicados a Ninhursag que databan del periodo Ur III. En Adab, Babilonia y Girsu se la veneraba con los nombres regionales de Diĝirmah, Ninmah y E-mah, respectivamente.

El templo dinástico temprano de Ur está dedicado a la diosa Ninhursag. Tiene una inscripción en el templo que dice: «Aanepada rey de Ur, hijo de Mesanepada rey de Ur, ha construido esto para su señora Ninhursag».

Gilgamesh y el mundo de las tinieblas

Gilgamesh es el conocido héroe y rey de la antigua Mesopotamia. La colección de tablillas que detallan sus hazañas ha sido bautizada colectivamente como «la odisea del rey que no quería morir».

Doce tablillas de arcilla escritas en acadio en la biblioteca de Nínive detallan la búsqueda de la inmortalidad del rey Gilgamesh. También se descubrieron en la biblioteca otros cinco poemas con mitos sobre el rey-héroe Gilgamesh. Estos poemas tenían títulos que describían su lucha con el Toro del Cielo, su muerte, sus hazañas del mundo de los muertos y mucho más.

Gilgamesh era el rey de Uruk. Fue el primer rey que construyó una muralla defensiva alrededor de su ciudad-estado. El rey Gilgamesh quería que Uruk fuera vista como poderosa y rica, y ordenó la construcción de torres templo y magníficos zigurats. Participó personalmente en la planificación y distribución de las tierras agrícolas y los huertos. Era conocido por su hermoso físico, su fuerza y su inteligencia, lo cual tiene sentido ya que la gente creía que era dos tercios dios y un tercio humano.

Al principio de su reinado, Gilgamesh era cruel y dominaba a sus súbditos. Violaba a mujeres de cualquier clase social; no importaba si eran nobles, esposas de guerreros o campesinas. Utilizaba mano de obra esclava y hacía trabajar a sus esclavos hasta la extenuación.

Cuando los dioses se enteran de las hazañas de Gilgamesh y el pueblo llora, grita y se lamenta en los templos, deciden crear un hombre tan magnífico como Gilgamesh. Los dioses llamaron a este hombre Enkidu, y le permitieron crecer en la naturaleza entre los animales. Un día, un cazador se encuentra con Enkidu. El cazador decide enviar a una prostituta del templo para domar al hombre salvaje. En la antigüedad, se creía que las relaciones sexuales podían calmar y domesticar a un hombre, incitándolo a convertirse en una persona civilizada.

Enkidu pasó a formar parte de la civilización y la prostituta le enseñó a ser un ser humano racional. Un día, Enkidu oye habladurías sobre la crueldad del rey Gilgamesh y viaja a Uruk para desafiar al rey a convertirse en un mejor gobernante. Cuando llega a Uruk, ve a Gilgamesh a punto de entrar por la fuerza en la alcoba de una nueva novia. Enkidu se coloca delante del rey y bloquea la puerta. Gilgamesh ataca a Enkidu y ambos luchan ferozmente. Al final,

Gilgamesh gana. La lucha da lugar a una amistad fraternal entre los dos hombres.

Los nuevos amigos deciden que necesitan reforzar su vínculo compartiendo aventuras y buscan algo que les suponga un reto. Su primera aventura consiste en robar árboles de un bosque prohibido para los mortales. En el bosque de cedros, se encuentran con el malvado y temible demonio Humbaba. Este demonio es devoto del dios Enlil, el dios del aire, el viento y la tierra. Los dos hombres fuertes luchan con el monstruo y, con la ayuda del dios del sol Shamash, derrotan a Humbaba. Como parte de su hazaña, los dos cortan cedros y construyen una balsa. Con la madera del árbol más grande, construyen una enorme puerta, que Enkidu planea colocar a la entrada del templo de Enlil.

Finalmente, el rey Gilgamesh y su amigo Enkidu navegan de vuelta a Uruk. La diosa Ishtar mira con lujuria al magnífico Gilgamesh e intenta seducirlo para que mantenga una relación. Sin embargo, Gilgamesh no está interesado en la diosa. Enfurecida, Ishtar pide a su padre, Anu, el dios del cielo, que ordene al «Toro del Cielo» que descienda a la Tierra y mate a Gilgamesh. El Toro del Cielo trae siete años de hambruna sobre la Tierra, por lo que Gilgamesh y Enkidu tienen que luchar contra él para salvar la civilización. Estos dos fuertes guerreros matan al toro tras una espantosa lucha.

Sin embargo, el consejo de dioses se enfada y decide que ambos deben aprender una lección. Como castigo, infligen a Enkidu una enfermedad. Enkidu sufre dolores y alucinaciones. Le cuenta a Gilgamesh sus visiones del inframundo. Gilgamesh queda desolado cuando Enkidu muere y no puede evitar llorar la muerte de su amigo.

Las visiones de Enkidu sobre el mundo de las tinieblas atormentan tanto a Gilgamesh, que empieza a pensar en la posibilidad de su propia muerte. Decide deshacerse de sus vestimentas reales y vestir pieles de animales como tributo a Enkidu. Gilgamesh viaja por el desierto hasta el confín del mundo para encontrar a Utnapishtim, el equivalente mesopotámico de Noé. Se le había concedido la vida eterna tras el Diluvio Universal. Gilgamesh está decidido a aprender a engañar a la muerte y no acabar nunca en los infiernos.

A su llegada a Mashu, una montaña con dos picos, Gilgamesh se enfrenta a dos monstruos escorpión inmortales. Tras rogarles que lo dejen pasar, finalmente ceden. Gilgamesh entra en el oscuro túnel de los tormentos y, cuando emerge, se encuentra con una magnífica vista de un jardín y un mar.

Gilgamesh desciende por el paso de montaña hasta que se encuentra con una tabernera. La mujer con velo, Siduri, escucha al rey Gilgamesh y su historia. Le explica que la mortalidad es una bendición y que su búsqueda de la inmortalidad no servirá de nada. Sin embargo, no consigue convencerlo de que abandone su búsqueda.

Siduri indica a Gilgamesh dónde encontrar al barquero, Urshanabi, que le llevará a través de las «aguas de la muerte» para encontrar a Utnapishtim. Finalmente, Gilgamesh encuentra a Utnapishtim, que le habla del diluvio universal enviado por los dioses para destruir a toda la humanidad y de cómo él se salvó.

El rey Gilgamesh insiste en que quiere ser inmortal, y Utnapishtim lo pone a prueba diciéndole que tiene que permanecer despierto durante una semana entera. Gilgamesh fracasa estrepitosamente. Utnapishtim se siente decepcionado con Gilgamesh y le dice que es una tontería pensar que puede permanecer despierto toda la eternidad si ni siquiera puede mantenerse despierto durante una semana.

Al final, Utnapishtim convence a Gilgamesh para que se ponga sus ropajes reales y se convierta en un rey al que su pueblo pueda admirar. La esposa de Utnapishtim comprende la difícil situación del rey y le pide a su marido que le muestre a Gilgamesh la planta que proporciona la eterna juventud. Gilgamesh coge un trozo de la planta y regresa a Uruk. Por el camino, se cansa y se queda dormido bajo un árbol. Una serpiente se da cuenta de que Gilgamesh se ha dormido. Se desliza hacia él y se lleva la planta. Cuando Gilgamesh despierta, se da cuenta de que la planta ha desaparecido para siempre. También ha desaparecido cualquier posibilidad de seguir siendo joven.

Gilgamesh sabe que ha viajado a los confines de la Tierra para regresar sin nada, pero se ha reconciliado con el hecho de la mortalidad. Es consciente de que no puede vivir para siempre, pero ahora sus ojos se abren a la magnificencia de la ciudad que ha construido y a los logros perdurables de su pueblo.

En última instancia, el rey Gilgamesh es venerado por sus logros constructivos y por devolver a Uruk los conocimientos perdidos de la antigüedad que aprendió de Utnapishtim. Hay muchas variaciones de la *Epopeya de Gilgamesh*, pero independientemente de la redacción exacta, se le considera el primer héroe de todos los tiempos.

El relato de la creación - El *Génesis de Eridu*

El mito de la creación se encontró en Nippur, una ciudad de la antigua Mesopotamia fundada alrededor del año 5000 a. C. Unas tablillas sumerias de arcilla relatan la creación del ser humano. Por desgracia, faltan muchas partes del texto original y los expertos han tenido que recurrir a versiones posteriores para reconstruir los fragmentos que faltaban.

Según los textos conservados del mito de la creación, al principio habitaban la Tierra dioses de aspecto humano. Cuando descendieron a la Tierra, había mucho trabajo por hacer. Los dioses trabajaron duro para hacer la tierra habitable extrayendo minerales y trabajando la tierra para hacerla cultivable. Al cabo de un tiempo, los dioses humanos se enfadaron por la enorme cantidad de trabajo que había que hacer y se quejaron al padre de los dioses, An.

An accedió y escuchó el consejo de su hijo Enki, que propuso crear humanos que pudieran trabajar la tierra en lugar de los dioses. Juntos, Enki y su hermana Ninki mataron a un dios menor y mezclaron su sangre con arcilla del fértil suelo de la Tierra para crear al primer humano.

Estos nuevos seres eran incapaces de reproducirse, pero Enki y Ninki modificaron al nuevo ser para que pudiera funcionar de forma independiente sin la ayuda de los dioses. Llamaron a este hombre Adapa. Esto enfureció a Enlil, hermano de Enki, ya que no fue consultado. Comenzó un conflicto entre los hermanos.

Enlil se convirtió en el mayor adversario del hombre. Sometió a la humanidad a sufrimientos y penurias. Como era el dios del aire, el viento y la tierra, podía crear sequías e inundaciones.

En la *Epopeya de Gilgamesh*, los dioses vivían en un hermoso jardín, similar al bíblico Jardín del Edén, entre los ríos Tigris y Éufrates. El término «Edén» es en realidad sumerio y significa «terreno llano».

Otras versiones hablan de una inundación masiva planeada por los dioses para destruir a la humanidad porque su ruido era molesto. Para preservar la vida y comenzar una nueva línea de humanidad, algunos dioses decidieron que un hombre debía ser seleccionado para salvar a su familia. También le dijeron que salvara a todo tipo de animales y plantas. El hombre fue instruido para construir un enorme barco para él, su familia, los animales y las plantas para salvarlos de ahogarse en la inundación.

Utnapishtim

En una versión de la *Epopeya de Gilgamesh*, el hombre que se salvó del diluvio se llamaba Utnapishtim.

Según este relato, el dios Enlil no puede dormir por el ruido que hacían los humanos en la ciudad de Shurupak, en el río Éufrates. Enlil consulta con los demás dioses y estos le dan la razón. El ruido constante es demasiado, así que deciden inundar la Tierra y destruir a la humanidad. Los dioses juran no avisar a los humanos y se marchan, satisfechos con el resultado.

Sin embargo, Ea visita en sueños a Utnapishtim, un hombre piadoso, y le dice que construya un barco. Le da las dimensiones exactas del barco y le ordena que ponga a su familia y a todos los animales de la Tierra para sobrevivir al diluvio.

Utnapishtim acepta, pero pregunta qué debe decir al resto del pueblo cuando le pregunten por qué construye un barco tan grande. Ea le dice que el dios Enlil está enfadado con él y que ya no puede vivir entre la gente.

El barco se construye, y justo a tiempo. Adad, el dios de las tormentas, no tarda en desatar una terrorífica tormenta de tales proporciones que incluso los demás dioses tienen miedo. La reina del cielo, Ishtar, no puede creer que aceptara este terrible acontecimiento. La tormenta dura seis días y seis noches y luego amaina.

Utnapishtim suelta primero una paloma y luego una golondrina, pero ambas regresan sin encontrar un lugar donde descansar. Finalmente, envía un cuervo. El cuervo no regresa.

Utnapishtim ofrece un sacrificio de cedro, caña y mirto, que quema en un gran caldero en la cima del monte Nisir. Ishtar llama a los demás dioses para que se reúnan en torno al agradable aroma. Cuando Enlil llega, se enfada porque Utnapishtim y su familia han sobrevivido. Pregunta cómo supieron que debían estar preparados. Ea condena a Enlil por el gran castigo que ha infligido al mundo. El castigo no se ajustaba al crimen, y Enlil lo comprende después de hablar con los otros dioses. Se dirige a Utnapishtim, bendiciéndole a él y a su esposa con la inmortalidad.

Enki y el orden mundial

El nombre del dios sumerio Enki se traduce como «En», que significa «señor», y «ki», que significa «tierra». Es comúnmente aceptado que era el «señor de la tierra». También se lo conocía por el nombre de «E-A», que significa «señor del agua». Enki era la deidad patrona de la ciudad-estado Eridu, y los orígenes de su nombre podrían estar relacionados con Abzu, no con Enki (con «Ab» que significa agua).

Los sumerios posteriores creían que Eridu era la primera ciudad del mundo. Fue el lugar donde se crearon los humanos y donde se les enseñó la ley y el orden. Más tarde, Eridu pasó a ser conocida como la ciudad de los primeros reyes. Como tal, siguió siendo un importante centro de culto y religioso durante miles de años. Dado que Enki, el dios de la sabiduría y el intelecto, era el dios patrón de esta ciudad, se pensaba que Enki otorgó originalmente el *me* (las prácticas e instituciones que los harían civilizados, como, por ejemplo, la realeza, las relaciones sexuales y las artes) a los sumerios.

El templo de Enki en Eridu, conocido como E-Abzu, Casa de Abzu, o Casa de las Aguas Subterráneas, tenía un estanque en la entrada. Este majestuoso templo fue el diseño que siguieron la mayoría de los templos sumerios, lo que ayuda a confirmar que Eridu fue la primera ciudad de Sumer.

El mito de Enki y el orden mundial es complejo y se basa en los textos sumerios conservados en antiguas tablillas de arcilla babilónicas. Estos textos describen acontecimientos ocurridos durante el tercer milenio a. C., cuando el templo de Enki en Eridu habría sido el más importante.

El altruismo y la benevolencia de Enki hacia los humanos y la Tierra se describen con gran detalle en este mito. Enki es descrito como el «señor que camina noblemente sobre el cielo y la tierra, y es amado y autosuficiente». Su padre, el dios del cielo An, y su hermano mayor, Enlil, alaban a Enki por su carácter y bondad. Es un hijo y hermano muy querido.

En el mito, Eridu se convierte en el hogar de Enki y se describe como la casa más noble, el mástil del cielo y la Tierra, y un lugar de belleza y paz. Enki obtiene sus poderes de fertilidad de las dulces aguas subterráneas de Abzu, y enseña al pueblo a servir la comida en las mesas de dioses y humanos. Enki está acompañado por siete sabios que enseñan a la humanidad la civilización, incluidas las matemáticas y el cálculo de los números de las estrellas. Enlil confía enormemente en Enki, y le otorga elogios y autoridad para organizar el mundo por el bien de los gobernantes y de la humanidad en su conjunto.

Enlil reúne todas los *me*, las medidas del poder en el cielo y en la Tierra, y las pone en manos de Enki. Enki pasa el *me* a Eridu y luego viaja a todas las ciudades-estado sumerias para compartir el *me* con ellas.

Enki establece la civilización y el orden en la Tierra. La idea detrás de todo esto es que las deidades, las ciudades-estado y los vecinos de Sumeria trabajen juntos para asegurar la paz y la continuidad de la humanidad.

Conclusión

Deje volar su imaginación hasta la zona geográfica de Mesopotamia. La mayor parte se encuentra en el actual Irak. Una gran parte es árida, con poca agua, muchos cauces secos y arena. Puede llegar a ser extremadamente calurosa en la mayoría de las zonas. En definitiva, no es el lugar perfecto para que se asiente una civilización emergente. Entonces, ¿cómo llegó a conocerse esta zona como la Cuna de la Civilización?

Hoy en día, la arqueología y otros estudios demuestran que, en la antigüedad, algunas zonas, especialmente entre los ríos Éufrates y Tigris y sus alrededores, eran muy diferentes. Los posibles asentamientos estacionales podrían haber comenzado ya en el XI milenio a. C. Los restos de palmeras datileras datan de alrededor del 10.000 a. C. Los robles, como los que aparecen en la *Epopeya de Gilgamesh*, estaban presentes en la antigüedad y probablemente desaparecieron a causa de los humanos.

Las excavaciones arqueológicas y los textos antiguos demuestran que los antiguos pueblos que crearon la primera civilización del mundo eran innovadores, enérgicos y brillantes. ¿Acaso fue la escasez de algunos recursos y la abundancia de otros lo que los obligó a desarrollar innovaciones? Es difícil imaginarlos prosperando sin superar obstáculos a medida que pasaba el tiempo y cambiaba el clima. En cualquier caso, los sumerios prosperaron durante milenios antes de desaparecer y caer en el olvido.

Corría el año 1842. Paul-Émile Botta, naturalista, era cónsul general de Francia en Mosul. Pasó un año excavando y registrando túmulos en Kuyunjik, donde descubrió alabastro y ladrillos de barro. Los lugareños que trabajaban junto a Botta en las excavaciones le hablaron de un túmulo en Khorsabad, que estaba a poco más de veinte kilómetros de distancia. Comenzó a excavar este montículo, que resultó ser las ruinas del palacio real de Sargón II del Imperio neoasirio. Botta encontró grandes relieves y esculturas que hacían referencia a la ciudad de Nínive.

Su cabeza daba vueltas. ¿Qué acababa de desenterrar? ¿Podrían ser pruebas que confirmaran la Biblia? En aquella época, muchos cazadores de tesoros y biblistas buscaban las tierras del patriarca bíblico Abraham (Ibrahim).

El gobierno francés estaba eufórico por este descubrimiento. Puso en marcha el interés arqueológico por la región, y Francia proporcionó a Botta recursos y nueve arqueólogos más. Entre ellos se encontraba Austen Henry Layard. Este es más recordado por su increíble descubrimiento de la Biblioteca de Asurbanipal en la antigua Nínive, al otro lado del Tigris desde Mosul, en Irak.

Sir Charles Leonard Woolley, arqueólogo que excavó la ciudad hitita de Carchemish entre 1912 y 1914, fue destinado a El Cairo durante la Primera Guerra Mundial. Después de la guerra, a principios de la década de 1920, él y un equipo de arqueólogos de la Universidad de Pensilvania y el Museo Británico emprendieron una misión para descubrir pruebas arqueológicas de los antiguos sumerios.

Empezaron a desentrañar los misterios de esta civilización perdida en los cementerios descubiertos en Ur y sus alrededores. Los magníficos ajuares funerarios descubiertos en el cementerio, que Woolley bautizó como Cementerio Real de Ur, convencieron a los arqueólogos de que se encontraban ante una sociedad altamente desarrollada y civilizada de gran importancia.

Se encontraron respuestas, pero estas solo parecían conducir a más preguntas. No es de extrañar que gran parte de la información descubierta sobre la civilización sumeria se denomine «el problema sumerio» en los círculos académicos. Simplemente no hay consenso, y demasiadas cosas se basan en muy poca confirmación factual, como la cuestión de aplicar la cronología de la cerámica en todo el Próximo

Oriente antiguo para correlacionar fechas.

En este libro analizamos de dónde procedían los sumerios y dónde se asentaron. Hemos visto cómo sus asentamientos se convirtieron en las primeras ciudades de Eridu, Uruk, Ur y Lagash.

Aprendimos cómo desarrollaron el calendario, el riego hidráulico, los aperos agrícolas y la rueda. ¿Dónde estaríamos hoy sin la invención de la rueda?

Incluso nos encontramos con la primera prueba de guerra urbana: la batalla entre Hamoukar y Uruk. Es triste pensar en lo poco que ha progresado la humanidad en ese sentido y que aún se excaven fosas para enterramientos masivos. Pero la guerra parece ser otro aspecto del ser humano, y es otra cosa más que nos conecta con esta antigua civilización.

Hemos visto cómo se creó el primer imperio. Sargón fue un gran emperador que conquistó tierras y pueblos a su antojo. Sin embargo, su hija, Enheduanna, fue la primera poeta conocida. Era una sacerdotisa y una niña adoradora que honraba a su padre con sus palabras. Y aunque no todas las familias se llevan bien, el vínculo de una unidad familiar se sentía hace miles de años.

Un hermano usurpó el trono tras la muerte de su padre y fue asesinado después de un breve pero brutal gobierno. Cuando su hermano, Manishtushu, subió al trono, podemos ver los mismos patrones de soborno y corrupción que experimentamos hoy en día.

Es fácil pensar que estamos separados de las personas que vivieron hace mucho tiempo. Pero eso está muy lejos de la verdad. La sociedad actual se ha basado en los asombrosos avances de los pueblos antiguos, y siempre merece la pena explorar más la historia antigua para comprender mejor cómo ha progresado la humanidad a lo largo de los siglos. Esperamos que este libro le haya dado una idea de ello. Lo animamos a que siga aprendiendo sobre los pueblos que nos precedieron para que pueda comprender mejor el mundo que hoy lo rodea.

Vea más libros escritos por Enthralling History

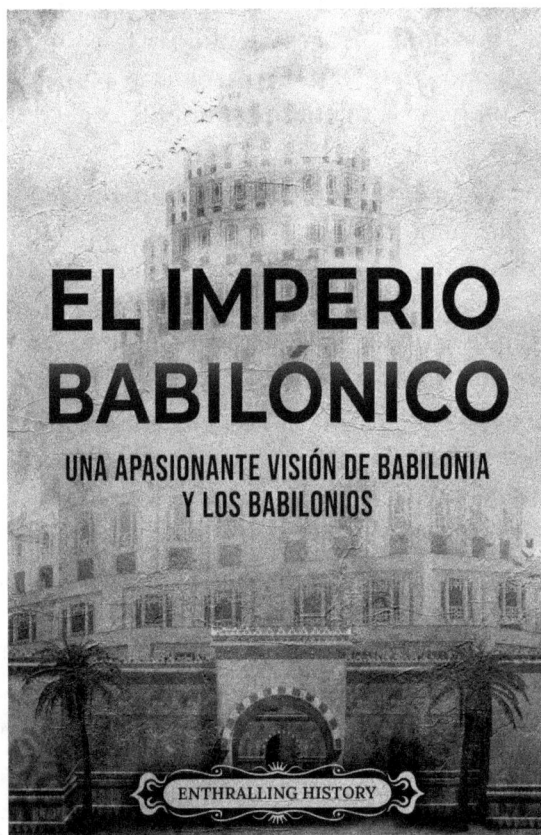

EL IMPERIO BABILÓNICO

UNA APASIONANTE VISIÓN DE BABILONIA Y LOS BABILONIOS

ENTHRALLING HISTORY

Bibliografía

Referencias utilizadas

Libros

Oxford Encyclopedia of Archaeology in the Near East, Oxford University Press, pp 476 – 483, E.M. Meyers (ed) 1997

Peoples of the Old Testament, Oxford University Press, 1973, DJ Wiseman (ed)

The History and Culture of Ancient Western Asia and Egypt, The Dorsey Press, U.S.A, A Bernard Knapp (ed)

Academic sites used throughout

"(PDF) Re-evaluating the Ubaid: Synchronizing the 6th and 5th millennia". https://www.academia.edu/3751066/Re_evaluating_the_Ubaid_Synchronizin g_the_6th_and_5th_millennia_BC_of_Mesopotamia_and_the_Levant_unp ublished_MA_thesis_.

"paper: Re-evaluating the Ubaid: Synchronizing the 6th and 5th millennia"

"In search of the genetic footprints of Sumerians: a survey of Y". 04 oct. 2011, https://www.ncbi.nlm.nih.gov/pmc/articles/PMC3215667/.

"NEW INSIGHTS ON THE ROLE OF ENVIRONMENTAL DYNAMICS SHAPING SOUTHERN". 18 jul. 2019, https://www.cambridge.org/core/journals/iraq/article/new-insights-on-the-role-of-environmental-dynamics-shaping-southern-mesopotamia-from-the-preubaid-to-the-early-islamic-period/F7084E4BF1171D8B77021B286BFE300C.

"[PDF] NEW INSIGHTS ON THE ROLE OF ENVIRONMENTAL DYNAMICS SHAPING". 18 jul. 2019, https://www.semanticscholar.org/paper/NEW-INSIGHTS-ON-THE-ROLE-OF-ENVIRONMENTAL-DYNAMICS-Altaweel-Marsh/67e4667f914d7f1b2b6966178f110a8cb629806d.

"AFTER THE UBAID: INTERPRETING CHANGE FROM THE CAUCASUS TO MESOPOTAMIA".
https://www.academia.edu/5665737/AFTER_THE_UBAID_INTERPRETING_CHANGE_FROM_THE_CAUCASUS_TO_MESOPOTAMIA_AT_THE_DAWN_OF_URBAN_CIVILIZATION_4500_3500_BC_OFFPRINT.

"Carter 2016_Review of Marro After the Ubaid.pdf - academia.edu".
https://www.academia.edu/35253069/Carter_2016_Review_of_Marro_After_the_Ubaid_pdf.

"Marro C. (ed.) 2012. After the Ubaid: Interpreting change".
https://www.persee.fr/doc/paleo_0153-9345_2016_num_42_2_5729.

Referencias en la Web

"Leonard Woolley (Author of The Sumerians) - Goodreads".

https://www.goodreads.com/author/show/171163.Leonard_Woolley.

"Sir Leonard Woolley and the Excavations in Ur - SciHi Blog". 17 abr. 2021,

http://scihi.org/leonard-woolley-excavations-ur/.

"Woolley's Excavations - UrOnline". http://www.ur-online.org/about/woolleys-excavations/.

"Thorkild Jacobsen (Author of The Treasures of Darkness)". 02 may. 1993,

https://www.goodreads.com/author/show/166860.Thorkild_Jacobsen.

"Selected Writings of Samuel Noah Kramer - Internet Archive". 30 mar. 2019, https://archive.org/details/KramerStudies19461990.

"THE SUMERIANS - Oriental Institute".
https://oi.uchicago.edu/sites/oi.uchicago.edu/files/uploads/shared/docs/sumerians.pdf.

"Sumerian Mythology Index - Sacred-Texts.com". https://www.sacred-texts.com/ane/sum/.

"Samuel Noah Kramer | Open Library". 30 sep. 2020,

https://openlibrary.org/authors/OL398202A/Samuel_Noah_Kramer.

"The Sumerians: Their History, Culture, and Character".
https://oi.uchicago.edu/research/publications/misc/sumerians-their-history-culture-and-character.

"AS 20. Sumerological Studies in Honor of Thorkild Jacobsen on His Seventieth Birthday". https://oi.uchicago.edu/research/publications/as/20-sumerological-studies-honor-thorkild-jacobsen-his-seventieth-birthday.

"THE SUMERIANS - The Oriental Institute of the University of Chicago". https://oi.uchicago.edu/sites/oi.uchicago.edu/files/uploads/shared/docs/sumerians.pdf.

"Nippur - The Oriental Institute of the University of Chicago". https://oi.uchicago.edu/research/projects/nippur-sacred-city-enlil-0.

"Cuneiform Studies | Near Eastern Languages and Civilizations". https://nelc.uchicago.edu/cuneiform-studies.

"The Sumerians - University of Chicago Press". https://press.uchicago.edu/ucp/books/book/chicago/S/bo27481022.html.

"Expedition Magazine - Penn Museum". https://www.penn.museum/sites/expedition/ur-and-its-treasures/.

Capítulo 1

"The Ubaid Period (5500–4000 B.C.) | Essay | The Metropolitan Museum of Art". https://www.metmuseum.org/toah/hd/ubai/hd_ubai.htm.

"Ubaid Period | Mesopotamian history | Britannica". https://www.britannica.com/topic/Ubaid-Period.

"Ubaidian Culture and the Roots of Mesopotamia - ThoughtCo". 07 sep. 2018, https://www.thoughtco.com/ubaidian-culture-ubaid-roots-mesopotamia-173089.

"Ubaid period - Wikipedia". https://en.wikipedia.org/wiki/Ubaid_period.

"Cultures | Ubaid Period - Ancient Mesopotamia". https://ancientmesopotamia.org/cultures/ubaid-period.php.

"Ancient Reptilians: The Unanswered Mystery of the 7,000-Year-Old Ubaid Lizardmen". 26 feb. 2022, https://www.ancient-origins.net/unexplained-phenomena/ubaid-lizardmen-001116.

"Ubaid Period: Culture & Explanation | Study.com". 06 feb. 2022, https://study.com/academy/lesson/ubaid-period-culture-lesson-quiz.html.

"Tell al-Ubaid - Academic Dictionaries and Encyclopedias". https://mesopotamia_enc.en-academic.com/360/Tell_al-Ubaid.

"Tall al-'Ubayd | archaeological site, Iraq | Britannica". https://www.britannica.com/place/Tall-al-Ubayd.

"TELL AL-'UBAID".
https://rootshunt.com/angirasgautam/archaeologicalsitesiniraq/tellalubaid/tell
alubaid.htm.

"Hereafter - Tell al-Ubaid - Our Ancient World".
http://ourancientworld.com/Settlement.aspx?id=81.

"Tel al 'Ubaid Ceramics: Photographs from Neutron Activation Analysis".
https://core.tdar.org/image/373029/tel-al-ubaid-ceramics-photographs.

"Tell al-'Ubaid Copper Lintel – Joy of Museums Virtual Tours".
https://joyofmuseums.com/museums/united-kingdom-museums/london-
museums/british-museum/tell-al-ubaid-copper-lintel/.

"Tell al-`Ubaid Wiki". https://everipedia.org/Tell_al-%2560Ubaid.

"Tell al-'Ubaid | Detailed Pedia". 24 may. 2022,
https://www.detailedpedia.com/wiki-Tell_al-%27Ubaid.

Capítulo 2

"Fertile Crescent - HISTORY". 20 dic. 2017,
https://www.history.com/topics/pre-history/fertile-crescent.

"Fertile Crescent | National Geographic Society". 20 may. 2022,
https://www.nationalgeographic.org/encyclopedia/fertile-crescent/.

"Fertile Crescent | Definition, Location, Map, Significance, & Facts".
https://www.britannica.com/place/Fertile-Crescent.

"The Sumerians of the Fertile Crescent".
https://www.gardencity.k12.ny.us/cms/lib/NY01913305/Centricity/Domain/6
71/8%20Mesopotamia.pdf

"A Functional and Fertile Crescent: Technological Advancements". 03 ago.
2018,
https://www.ancient-origins.net/history-important-events/fertile-crescent-
0010488.

"Fertile Crescent - Cradle of Civilization (Collection) - World History". 23
nov. 2018,
https://www.worldhistory.org/collection/26/fertile-crescent---cradle-of-
civilization/.

"The White Temple and the Great Ziggurat in the Mesopotamian City of
Uruk". 17 oct. 2016, https://www.ancient-origins.net/ancient-places-
asia/white-temple-and-great-ziggurat-mesopotamian-city-uruk-006835.

"Art: Ruins of the White Temple and Ziggurat - Annenberg Learner".
https://www.learner.org/series/art-through-time-a-global-view/the-urban-
experience/ruins-of-the-white-temple-and-ziggurat/.

"White Temple of God Anu in Sacred Precinct of Kullaba at Uruk". 10 oct. 2016, https://www.ancientpages.com/2016/10/10/white-temple-of-god-anu-in-sacred-precinct-of-kullaba-at-uruk/.

"Uruk - Wikipedia". https://en.wikipedia.org/wiki/Uruk.

"The White Temple - Artefacts". https://www.artefacts-berlin.de/portfolio-item/uruk-visualisation-project-the-white-temple/.

"Reconstruction of the White Temple – Ancient Art". 24 abr. 2015, https://ancientart.as.ua.edu/reconstruction-of-the-white-temple/.

"Hamoukar (Syria) | Jason Ur - Harvard University". https://scholar.harvard.edu/jasonur/pages/hamoukar.

"Hamoukar, Great City of Old – StMU Research Scholars". 15 sep. 2016, https://stmuscholars.org/hamoukar-great-city-of-old/.

"Evidence of battle at Hamoukar points to early urban development". http://chronicle.uchicago.edu/070118/hamoukar.shtml.

"Is it true the first known battle was in Hamoukar? If it is, why did it occur, and who were the combatants?". https://www.quora.com/Is-it-true-the-first-known-battle-was-in-Hamoukar-If-it-is-why-did-it-occur-and-who-were-the-combatants.

"Hamoukar - Wikipedia". https://en.wikipedia.org/wiki/Hamoukar.

"The Lost City of Hamoukar | Edward Willett". https://edwardwillett.com/2000/05/the-lost-city-of-hamoukar/.

"Site of Earliest Known Urban Warfare Threatened by Syrian War". 24 jun. 2013, https://www.livescience.com/37672-ancient-urban-warfare-site-threatened.html.

"Hamoukar - Oriental Institute". https://oi.uchicago.edu/sites/oi.uchicago.edu/files/uploads/shared/docs/08-09_Hamoukar.pdf.

"Uruk - World History Encyclopedia". 28 abr. 2011, https://www.worldhistory.org/uruk/.

"Uruk Period Mesopotamia: The Rise of Sumer - ThoughtCo". 21 abr. 2019, https://www.thoughtco.com/uruk-period-mesopotamia-rise-of-sumer-171676.

"Cultures | Uruk Period - Ancient Mesopotamia". https://ancientmesopotamia.org/cultures/uruk-period.php.

"Uruk period - Wikipedia". https://en.wikipedia.org/wiki/Uruk_period.

"Tell Brak Home". https://www.tellbrak.mcdonald.cam.ac.uk/.

"Tell Brak (Syria) | Jason Ur - Harvard University". https://scholar.harvard.edu/jasonur/pages/tell-brak.

"Tell Brak - Wikipedia". https://en.wikipedia.org/wiki/Tell_Brak.

"Tell Brak - Mesopotamian Capital in Syria - ThoughtCo". 08 mar. 2017, https://www.thoughtco.com/tell-brak-mesopotamian-capital-syria-170274.

"Syria: Tell Brak - World Archaeology". 28 abr. 2012, https://www.world-archaeology.com/features/syria-tell-brak-3/.

Capítulo 3

"Early Dynastic Period of Sumer - Ancient Mesopotamia". https://ancientmesopotamia.org/cultures/early-dynastic-period-of-sumer.php.

"Sumer - HISTORY". 07 dic. 2017, https://www.history.com/topics/ancient-middle-east/sumer.

"Sumer Timeline - World History Encyclopedia". https://www.worldhistory.org/timeline/sumer/.

"Ancient Sumer & The Sumerian Civilization: Here's What We Know". 02 dic. 2020, https://www.thecollector.com/ancient-sumer-civilization/.

"EARLY DYNASTIC/AKKADIAN/UR III SUMER: 2". https://www.unm.edu/~gbawden/328-rel/328-rel.htm.

"Early Dynastic Sumer Research Papers - Academia.edu". https://www.academia.edu/Documents/in/Early_Dynastic_Sumer?page=5.

"Sumer (Early Dynastic Period) with Assyrian Border Style 11". 27 sep. 2021, https://archive.org/details/SumerEarlyDynasticPeriodArabicWithAssyrianBorderStyle11.

"Early Dynastic Sumer Research Papers - Academia.edu". https://www.academia.edu/Documents/in/Early_Dynastic_Sumer?page=3.

"Cultures | Early Dynastic Period of Sumer". https://ancientmesopotamia.org/cultures/early-dynastic-period-of-sumer.

"Early Dynastic Period (Mesopotamia) - Wikipedia". https://en.wikipedia.org/wiki/Early_Dynastic_Period_(Mesopotamia).

"Old Sumerian Period (c. 3000 BC - Ancient Civilizations". https://anciv.info/mesopotamia/old-sumerian-period.html.

"Sumer (Early Dynastic Period) with Assyrian Border Style 11". 27 sep. 2021, https://archive.org/details/SumerEarlyDynasticPeriodArabicWithAssyrianBorderStyle11.

"Sumerian Religion - The Spiritual Life". https://slife.org/sumerian-religion/.

"Jemdet Nasr - Oxford Reference". https://www.oxfordreference.com/view/10.1093/oi/authority.201108031000 19282.

"List of Place Names from Jemdet Nasr (Illustration) - World History". 07 abr. 2016, https://www.worldhistory.org/image/4852/list-of-place-names-from-jemdet-nasr/.

"Historic Overview of Early Mesopotamian Civilization". https://www.unm.edu/~gbawden/328-sumhist/328-sumhist.htm.

"Defining the style of the period: Jemedt Nasr, 1926-28". https://ehrafarchaeology.yale.edu/ehrafa/citation.do?method=citation&forwa rd=browseAuthorsFullContext&id=mh62-001.

"Jemdet Nasr: a Pleiades place resource". https://pleiades.stoa.org/places/733910291.

"The Jemdet-Nasr Period - Penn Museum". https://www.penn.museum/documents/publications/bulletin/10-3_4/jemdet-nasr_period.pdf.

"Jemdet Nasr: The Site and the Period | The Biblical Archaeologist". https://www.journals.uchicago.edu/doi/10.2307/3210314.

"Jemdet Nasr Period - 3300-2900 BC - GlobalSecurity.org". 07 sep. 2011, https://www.globalsecurity.org/military/world/iraq/history-jemdet-nasr.htm.

"Jemdet Nasr - Wikipedia". https://en.wikipedia.org/wiki/Jemdet_Nasr.

"Mesannepada | ruler of Ur | Britannica". https://www.britannica.com/biography/Mesannepada.

"Ancient Mesopotamian Gods and Goddesses - Mesopotamian history: the basics". http://oracc.museum.upenn.edu/amgg/mesopotamianhistory/index.html.

"Sumerian King of the First Dynasty of Ur - Ancient Pages". 14 abr. 2016, https://www.ancientpages.com/2016/04/14/helmet-of-meskalamdug-sumerian-king-of-the-first-dynasty-of-ur/.

"List of Rulers of Mesopotamia | Lists of Rulers | Heilbrunn Timeline". https://www.metmuseum.org/toah/hd/meru/hd_meru.htm.

"Ancient Mesopotamian Gods and Goddesses - An/Anu (god)". http://oracc.museum.upenn.edu/amgg/listofdeities/an/index.html.

"History of Mesopotamia - First historical personalities | Britannica". https://www.britannica.com/place/Mesopotamia-historical-region-Asia/First-historical-personalities.

"Mesannepada - Wikipedia". https://en.wikipedia.org/wiki/Mesannepada.

"Ur-Nanshe | king of Lagash | Britannica".
https://www.britannica.com/biography/Ur-Nanshe.

"Sumerian People | Ur-Nanshe - Ancient Mesopotamia".
https://ancientmesopotamia.org/people/ur-nanshe.php.

"Ur-Nanshe - Wikipedia". https://en.wikipedia.org/wiki/Ur-Nanshe.

"Ur-Nanshe [CDLI Wiki]". https://cdli.ox.ac.uk/wiki/doku.php?id=ur-nanshe.

"Sumerian Plaque Dedicated To King Ur-Nanshe, The Founder Of The 1st Dynasty of Lagash". 05 dic. 2018,
https://www.ancientpages.com/2018/12/05/sumerian-plaque-dedicated-to-king-ur-nanshe-the-founder-of-the-1st-dynasty-of-lagash/.

"Ur-Nanshe Biography - King of Lagash | Pantheon".
https://pantheon.world/profile/person/Ur-Nanshe/.

"Lagash | ancient city, Iraq | Britannica".
https://www.britannica.com/place/Lagash.

"Records of the Past, 2nd series, Vol. I: The Inscriptions of Telloh".
https://sacred-texts.com/ane/rp/rp201/rp20112.htm.

"Enmebaragesi | king of Kish | Britannica".
https://www.britannica.com/biography/Enmebaragesi.

"Enmebaragesi - Wikipedia". https://en.wikipedia.org/wiki/Enmebaragesi.

"Enmebaragesi Biography - Ancient Mesopotamian king | Pantheon".
https://pantheon.world/profile/person/Enmebaragesi/.

"Enmebaragesi, King of Kish - geni family tree". 06 sep. 2016,
https://www.geni.com/people/Enmebaragesi-King-of-Kish/6000000006277541149.

"8 kings descended from heaven and ruled for 241,200 years". 08 may. 2022,
https://mysteriesrunsolved.com/2020/11/the-sumerian-king-list-8-kings-ruled-241200-years.html.

"History of Mesopotamia - First historical personalities | Britannica".
https://www.britannica.com/place/Mesopotamia-historical-region-Asia/First-historical-personalities.

"Holy City of God Enlil and One of the Oldest Cities of Sumer, Ancient Pages". 08 jun. 2020,
https://www.ancientpages.com/2020/06/08/nippur-holy-city-of-god-enlil-and-one-of-the-oldest-cities-of-sumer/.

"Kish | ancient city, Iraq | Britannica".
https://www.britannica.com/place/Kish.

Capítulo 4

"The Akkadian Period (ca. 2350–2150 B.C.) | Essay | The Metropolitan Museum of Art".

https://www.metmuseum.org/toah/hd/akka/hd_akka.htm.

"Mesopotamian art and architecture - Akkadian period | Britannica".

https://www.britannica.com/art/Mesopotamian-art/Akkadian-period.

"Akkadian Period - Oxford Reference".

https://www.oxfordreference.com/view/10.1093/oi/authority.20110803095359204.

"Cultures | Akkadian Empire - Ancient Mesopotamia".

https://ancientmesopotamia.org/cultures/akkadian-empire.php.

"Akkadian Empire - Wikipedia".
https://en.wikipedia.org/wiki/Akkadian_Empire.

"Explaining the Fall of the Great Akkadian Empire - Ancient Origins". 10 ene. 2021,

https://www.ancient-origins.net/ancient-places-asia/akkadian-empire-0011871.

"Chapter Six - Sealing Practices in the Akkadian Period".

https://www.cambridge.org/core/books/seals-and-sealing-in-the-ancient-world/sealing-practices-in-the-akkadian-period/81775349C1B2C3BD7E6567C21D9F9B74.

"The Akkadian Period: Empire, Environment, and Imagination".

https://www.lettere.uniroma1.it/sites/default/files/3109/6_MCMAHON%202012.pdf.

"(PDF) The Use of Sumerian and Akkadian during the Akkadian Period". 10 may. 2022,

https://www.academia.edu/78905915/The_Use_of_Sumerian_and_Akkadian_during_the_Akkadian_Period_The_Case_of_the_Elites_.

"Akkad Timeline - World History Encyclopedia".
https://www.worldhistory.org/timeline/akkad/.

"Akkadian Empire: The first Semitic-speaking empire of Mesopotamia". 21 mar. 2020, https://www.ancient-civilizations.com/akkadian-empire/.

"Cuneiform - Wikipedia". https://en.wikipedia.org/wiki/Cuneiform.

"Akkad | People, Culture, History, & Facts | Britannica".
https://www.britannica.com/place/Akkad.

"Akkad - World History Encyclopedia". 28 abr. 2011, https://www.worldhistory.org/akkad/.

"Akkad (city) - Wikipedia". https://en.wikipedia.org/wiki/Akkad_(city).

"Akkadian Empire: The first Semitic-speaking empire of Mesopotamia". 21 mar. 2020, https://www.ancient-civilizations.com/akkadian-empire/.

"The Akkadian Period (ca. 2350–2150 B.C.) | Essay | The Metropolitan Museum of Art". https://www.metmuseum.org/toah/hd/akka/hd_akka.htm.

"The history of AKKAD".

"The Akkadian Empire - History". https://www.historyonthenet.com/the-akkadian-empire.

"Agade | ancient city, Iraq | Britannica". https://www.britannica.com/place/Agade.

"Kingdoms of Mesopotamia - Agade / Akkad - The History Files". https://www.historyfiles.co.uk/KingListsMiddEast/MesopotamiaAkkad.htm.

"About: Ur-Zababa". https://live.dbpedia.org/resource/Ur-Zababa.

"Sargon and Ur-Zababa | Mesopotamian Gods & Kings". http://www.mesopotamiangods.com/sargon-and-ur-zababa/.

"Ur-Zababa Biography | Pantheon". https://pantheon.world/profile/person/Ur-Zababa/.

"Ur-Zababa - Wikipedia". https://en.wikipedia.org/wiki/Ur-Zababa.

"Lugalzagesi | ruler of Uruk | Britannica". https://www.britannica.com/biography/Lugalzagesi.

"Lugal-zage-si - Wikipedia". https://en.wikipedia.org/wiki/Lugal-zage-si.

"Ambitious King Who United Sumer - Ancient Pages". 30 abr. 2020, https://www.ancientpages.com/2020/04/30/infamous-end-of-lugalzagesi-ambitious-king-who-united-sumer/.

"King Sargon of Akkad—facts and information - Culture". 18 jun. 2019, https://www.nationalgeographic.com/culture/article/king-sargon-akkad.

"Sargon of Akkad - Wikipedia". https://en.wikipedia.org/wiki/Sargon_of_Akkad.

"Sargon | History, Accomplishments, Facts, & Definition | Britannica". https://www.britannica.com/biography/Sargon.

"Sargon of Akkad: The Orphan Who Founded an Empire". 04 mar. 2022, https://www.thecollector.com/sargon-of-akkad-akkadian-empire/.

"The Legend of Sargon of Akkad - World History Encyclopedia". 30 ago. 2014, https://www.worldhistory.org/article/746/the-legend-of-sargon-of-akkad/.

"Sargon - Encyclopedia of The Bible - Bible Gateway".

https://www.biblegateway.com/resources/encyclopedia-of-the-bible/Sargon.

"Sargon the Great and the World's First Professional Army". 18 abr. 2016, https://warfarehistorynetwork.com/2016/04/18/professional-soldiers-king-sargon-of-akkads-expanding-empire/.

"Sargon of Agade - penn.museum". https://www.penn.museum/documents/publications/bulletin/10-3_4/sargon_agade.pdf.

"Enheduanna - New World Encyclopedia". https://www.newworldencyclopedia.org/entry/Enheduanna.

"Enheduanna - Poet, Priestess, Empire Builder - World History Encyclopedia". 12 oct. 2010, https://www.worldhistory.org/article/190/enheduanna---poet-priestess-empire-builder/.

"Enheduanna – the world's first known author - World History Edu". 20 mar. 2022, https://www.worldhistoryedu.com/enheduanna-the-worlds-first-known-author/.

"Enheduanna - Virginia Tech". https://cddc.vt.edu/feminism/Enheduanna.html.

"Enheduanna -The Akkadian Princess who became the world's first female author". 14 feb. 2022, https://www.historyofroyalwomen.com/the-royal-women/enheduanna-the-akkadian-princess-who-became-the-worlds-first-female-author/.

"Elamite | Rimush". https://ancientmesopotamia.org/people/rimush.

"Rimush - Wikipedia". https://en.wikipedia.org/wiki/Rimush.

"Elamite | Rimush - Ancient Mesopotamia". https://ancientmesopotamia.org/people/rimush.php.

"Rimush, 2nd King of Akkadian Empire - Geni.com". 05 abr. 2021, https://www.geni.com/people/Rimush-King-of-the-Akkadian-Empire/6000000047190539827.

"Rimush Biography | Pantheon". https://pantheon.world/profile/person/Rimush/.

"People | Manishtusu - Ancient Mesopotamia". https://ancientmesopotamia.org/people/manishtusu.php.

"Manishtushu - Wikipedia". https://en.wikipedia.org/wiki/Manishtushu.

"People | Manishtusu". https://ancientmesopotamia.org/people/manishtusu.

"Manishtusu | king of Akkad | Britannica". https://www.britannica.com/biography/Manishtusu.

"First Sumerian Revolt - Ancient Pages". 09 nov. 2020,

https://www.ancientpages.com/2020/11/09/story-behind-the-first-sumerian-revolt/.

"Manishtushu Biography | Pantheon".
https://pantheon.world/profile/person/Manishtushu/.

"Naram-Sin - World History Encyclopedia". 07 ago. 2014,
https://www.worldhistory.org/Naram-Sin/.

"Naram-Sin of Akkad - Wikipedia". https://en.wikipedia.org/wiki/Naram-Sin_of_Akkad.

"Akkadian Empire - History - Origins - Naram-Sin | Technology Trends".
https://www.primidi.com/akkadian_empire/history/origins/naram-sin.

"Naram Sin: Victory Stele & Concept | Study.com". 07 feb. 2022,
https://study.com/academy/lesson/naram-sin-victory-stele-lesson-quiz.html.

"Sumerian People | Naram-Sin - Ancient Mesopotamia".
https://ancientmesopotamia.org/people/naram-sin.php.

"Shar-kali-sharri | king of Akkad | Britannica".
https://www.britannica.com/biography/Shar-kali-sharri.

"Sumerian People | Shar-Kali-Sharri".
https://ancientmesopotamia.org/people/shar-kali-sharri.

"Shar-Kali-Sharri - Wikipedia". https://en.wikipedia.org/wiki/Shar-Kali-Sharri.

"(DOC) Sargon and Shar-Kali-Sharri | Damien Mackey - Academia.edu".
08 jun. 2019,
https://www.academia.edu/39473281/Sargon_and_Shar_Kali_Sharri.

"MS 4556 - The Schoyen Collection".
https://www.schoyencollection.com/history-collection-introduction/sumerian-history-collection/king-shar-kali-sharri-ms-4556.

"Shar-Kali-Sharri in Italian - English-Italian Dictionary | Glosbe".
https://glosbe.com/en/it/Shar-Kali-Sharri.

Capítulo 5

"Gutians - World History Encyclopedia". 27 oct. 2021,
https://www.worldhistory.org/Gutians/.

"Gutians".
http://www.realhistoryww.com/world_history/ancient/Misc/Sumer/Gutians.htm.

"GUTIANS – Encyclopedia Iranica". 15 dic. 2002,
https://www.iranicaonline.org/articles/gutians.

"Cultures | Gutium - Ancient Mesopotamia".
https://ancientmesopotamia.org/cultures/gutium.php.

"Gutian rule in Mesopotamia - Wikipedia".
https://en.wikipedia.org/wiki/Gutian_rule_in_Mesopotamia.

"Kingdoms of Mesopotamia - Gutians / Gutium - The History Files".
https://www.historyfiles.co.uk/KingListsMiddEast/MesopotamiaGutium.htm.

"Gutian people in Zagros mountains; pale in complexion and blonde".
https://cof.quantumfuturegroup.org/events/5390.

"Gudea - The Gutians".
http://realhistoryww.com/world_history/ancient/Sumer_Iraq_3.htm.

"Guti | people | Britannica". https://www.britannica.com/topic/Guti.

Capítulo 6

"Ur-Nammu - World History Encyclopedia". 16 jun. 2014,
https://www.worldhistory.org/Ur-Nammu/.

"Ur-Nammu - Wikipedia". https://en.wikipedia.org/wiki/Ur-Nammu.

"The Code of Ur-Nammu: The Oldest Law in the World?". 04 may. 2022,
https://www.historicmysteries.com/code-of-ur-nammu/.

"Ur-Nammu | king of Ur | Britannica".
https://www.britannica.com/biography/Ur-Nammu.

"Code of Ur-Nammu - World History Encyclopedia". 26 oct. 2021,
https://www.worldhistory.org/Code_of_Ur-Nammu/.

"The Legacy of Ur-Nammu – History of Kurdistan".,

"Sumerian People | Ur-Nammu - Ancient Mesopotamia".
https://ancientmesopotamia.org/people/ur-nammu.php.

"The Code of Ur-Nammu: When Ancient Sumerians Laid Down the Law".
15 sep. 2021, https://www.ancient-origins.net/artifacts-ancient-writings/code-ur-nammu-sumerians-009333.

"Utu-khegal | king of Uruk | Britannica".
https://www.britannica.com/biography/Utu-khegal.

"Utu-hengal - Wikipedia". https://en.wikipedia.org/wiki/Utu-hengal.

"The Victory of Utu-hegal (Poem of Utu-ḫeĝal)".
https://www.mesopotamiangods.com/poem-of-utu-%E1%B8%ABegal/.

"Vase of Utu-Hegal of Uruk - World History Encyclopedia". 28 feb. 2018,
https://www.worldhistory.org/image/8195/vase-of-utu-hegal-of-uruk/.

"Shulgi of Ur - World History Encyclopedia". 17 jun. 2014,
https://www.worldhistory.org/Shulgi_of_Ur/.

"Shulgi | king of Ur | Britannica".
https://www.britannica.com/biography/Shulgi.

"Shulgi of Ur Timeline - World History Encyclopedia".

https://www.worldhistory.org/timeline/Shulgi_of_Ur/.

"People | Shulgi". https://ancientmesopotamia.org/people/shulgi.

"The Mighty Deeds of King Shulgi of Ur, Master of Mesopotamian Monarchs". 11 mar. 2019, https://www.ancient-origins.net/history-famous-people/king-shulgi-0011602.

"Shulgi - Forgotten Realms Wiki". https://forgottenrealms.fandom.com/wiki/Shulgi.

"Shulgi: First Great Athlete? | Ancient Greek Sport". 27 feb. 2017, https://sites.psu.edu/camskines442/2017/02/27/shulgi-first-great-athlete/.

"Shulgi Biography - Sumerian King | Pantheon". https://pantheon.world/profile/person/Shulgi/.

"Shulgi - Wikipedia". https://en.wikipedia.org/wiki/Shulgi.

"Amar-Sin - Wikipedia". https://en.wikipedia.org/wiki/Amar-Sin.

"Shu-Sin | king of Ur | Britannica". https://www.britannica.com/biography/Shu-Sin.

"The oldest love poem of the world | Arts & History". 30 ago. 2015, https://artsnhistory.com/2015/08/30/sumerian/.

"Shu-Sin - Wikipedia". https://en.wikipedia.org/wiki/Shu-Sin.

"A Door Socket with King Shu-Sin Inscription (Illustration) - World History". 25 sep. 2014, https://www.worldhistory.org/image/3083/a-door-socket-with-king-shu-sin-inscription/.

"DUMUZI - the Sumerian God of Farming (Mesopotamian mythology)". https://www.godchecker.com/mesopotamian-mythology/DUMUZI/.

"Dumuzi-Abzu | Sumerian deity | Britannica". https://www.britannica.com/topic/Dumuzi-Abzu.

"Dumuzi". http://www.mesopotamia.co.uk/gods/explore/dumuzi.html.

"Dumuzi / Tammuz the Shepherd, Son to Enlil & Ninsun, Slide-Show". https://www.mesopotamiangods.com/dumuzi-the-shepherd-son-to-enki-ninsun/.

Capítulo 7

"Amorite | people | Britannica". https://www.britannica.com/topic/Amorite.

"Cultures | Amorites - Ancient Mesopotamia". https://ancientmesopotamia.org/cultures/amorites.php.

"What do we know about the Amorites? - CompellingTruth.org". https://www.compellingtruth.org/Amorites.html.

"Amorites - Wikipedia". https://en.wikipedia.org/wiki/Amorites.

"Amorite - World History Encyclopedia". 28 abr. 2011, https://www.worldhistory.org/amorite/.

"Amorites, an introduction – Smarthistory". 06 abr. 2022, https://smarthistory.org/amorites-an-introduction/.

"Ebla | ancient city, Syria | Britannica". https://www.britannica.com/place/Ebla.

"Ebla - Wikipedia". https://en.wikipedia.org/wiki/Ebla.

"Ebla - New World Encyclopedia". https://www.newworldencyclopedia.org/entry/Ebla.

"Ebla in the Third Millennium B.C. | Essay | The Metropolitan Museum of Art". https://www.metmuseum.org/toah/hd/ebla/hd_ebla.htm.

"First Kingdoms: The Forgotten Mesopotamian Kingdom of Ebla". 21 may. 2019, https://www.ancient-origins.net/ancient-places-asia/ebla-0011940.

"Ebla: Its Impact on Bible Records - Institute for Creation Research".

"Cultures | Ebla". https://ancientmesopotamia.org/cultures/ebla.php.

"Shulgi | king of Ur | Britannica". https://www.britannica.com/biography/Shulgi.

"Shulgi of Ur Timeline - World History Encyclopedia". https://www.worldhistory.org/timeline/Shulgi_of_Ur/.

"The Mighty Deeds of King Shulgi of Ur, Master of Mesopotamian Monarchs". 11 mar. 2019, https://www.ancient-origins.net/history-famous-people/king-shulgi-0011602.

"SHULGI - mesopotamia.en-academic.com". https://mesopotamia.en-academic.com/314/SHULGI.

"Shulgi - Wikipedia". https://en.wikipedia.org/wiki/Shulgi.

"Ibbi-Sin | king of Ur | Britannica". https://www.britannica.com/biography/Ibbi-Sin.

"Ibbi-Sin - Wikipedia". https://en.wikipedia.org/wiki/Ibbi-Sin.

"Ibbi-Sin Biography | Pantheon". https://pantheon.world/profile/person/Ibbi-Sin/.

"IBBI-SIN". https://mesopotamia.en-academic.com/182/IBBI-SIN.

"Martu - Wikipedia". https://en.wikipedia.org/wiki/Martu.

"Amurru (god) - Wikipedia". https://en.wikipedia.org/wiki/Amurru_(god).

"Amurru | ancient district, Egypt | Britannica". https://www.britannica.com/place/Amurru.

"Amarru: the home of the Northern Semites". 31 dic. 2014, https://archive.org/details/amarruhomeofnort00clay.

"Ur - Wikipedia". https://en.wikipedia.org/wiki/Ur.

"Ur - World History Encyclopedia". 28 abr. 2011, https://www.worldhistory.org/ur/.

"Ur | City, History, Ziggurat, Sumer, Mesopotamia, & Facts". https://www.britannica.com/place/Ur.

"The Ancient City of Ur - HeritageDaily - Archaeology News". 05 oct. 2020, https://www.heritagedaily.com/2020/10/the-ancient-city-of-ur/135753.

"Ur | Ur Region Archaeology Project". https://www.urarchaeology.org/ur/.

"Ancient World History: City of Ur". https://earlyworldhistory.blogspot.com/2012/01/city-of-ur.html.

"Ur, Sumeria. - Ancient-Wisdom". http://www.ancient-wisdom.com/iraqur.htm.

"Qatna, Syria - World Archaeology". 07 ene. 2006, https://www.world-archaeology.com/features/qatna-syria/.

"The Kingdom of Qatna - HeritageDaily - Archaeology News". 29 may. 2020, https://www.heritagedaily.com/2020/05/the-kingdom-of-qatna/129581.

"Elam - World History Encyclopedia". 27 ago. 2020, https://www.worldhistory.org/elam/.

"Elam | History, Definition, & Meaning | Britannica". https://www.britannica.com/place/Elam.

"Elam - Wikipedia". https://en.wikipedia.org/wiki/Elam.

"The Elamites - The Early History of Elam and Its People (Part 1)". 26 ago. 2020, https://www.worldhistory.org/video/2088/the-elamites----the-early-history-of-elam-and-its/.

"Ancient World History: Medes, Persians, and Elamites". https://earlyworldhistory.blogspot.com/2012/03/medes-persians-and-elamites.html.

"Elamite Empire: Art & Culture | Study.com". https://study.com/academy/lesson/elamite-empire-art-culture.html.

"Publications - Matt Konfirst - Google Search". https://sites.google.com/site/mattkonfirst/publications.

"Did Climate Change Bring Sumerian Civilization to an End?". 05 dic. 2012, https://www.biblicalarchaeology.org/daily/biblical-sites-places/biblical-archaeology-places/did-climate-change-bring-sumerian-civilization-to-an-end/.

"Acid rock drainage and climate change - ScienceDirect" .01 feb. 2009, https://www.sciencedirect.com/science/article/pii/S0375674208000861.

"Climate Shift May Have Silenced Ancient Civilization - HuffPost".

"Kindattu - Wikipedia". https://en.wikipedia.org/wiki/Kindattu.

"History of Mesopotamia - Ur III in decline

Britannica". https://www.britannica.com/place/Mesopotamia-historical-region-Asia/Ur-III-in-decline.

"People | Ibbi-Sin - Ancient Mesopotamia". https://ancientmesopotamia.org/people/ibbi-sin.php.

Capítulo 8

"Sumerian Language – Mesopotamia". https://guides.lib.uw.edu/c.php?g=341420&p=2298733.

"The Sumerian King List and the Early History of Mesopotamia".

https://www.academia.edu/10052536/The_Sumerian_King_List_and_the_Early_History_of_Mesopotamia.

"Sumerian - Oxford Reference. The Sumerian King List - Livius".

https://www.livius.org/sources/content/anet/266-the-sumerian-king-list/.

"The Sumerian King List". https://rebirthoftheword.com/the-sumerian-king-list/.

"The Sumerian King list - Earth-history". 14 may. 2022, https://earth-history.com/sumer/the-sumerian-king-list.

https://www.oxfordreference.com/view/10.1093/oi/authority.20110803100541919.

"Sumerian King List - Wikipedia". https://en.wikipedia.org/wiki/Sumerian_King_List.

"The Antediluvian Patriarchs and the Sumerian King List". 01 dic. 1998,

https://answersingenesis.org/bible-history/the-antediluvian-patriarchs-and-the-sumerian-king-list/.

"15 facts about the Sumerian King List: When gods ruled Earth". 22 may. 2022,

https://www.ancient-code.com/15-facts-about-the-sumerian-king-list-when-gods-ruled-earth/.

"Was Alulim, First King of Sumer and Eridu Biblical Adam?". 14 mar. 2019, https://www.ancientpages.com/2019/03/14/was-alulim-first-king-of-sumer-and-eridu-biblical-adam/.

"Alulim - Wikipedia". https://ro.wikipedia.org/wiki/Alulim.

"Hebrew Codec". https://yhvh.org/.

"Who Was the First King in the World? - WorldAtlas". 11 mar. 2020, https://www.worldatlas.com/who-was-the-first-king-in-the-world.html.

"Before the Great Deluge, Eighth Antediluvian Kings Ruled for 241,200 Years - Ancient Cod". 20 abr. 2022, https://www.ancient-code.com/before-the-great-deluge-eighth-antediluvian-kings-ruled-for-241200-years/.

"Mesopotamia - THE WORLD ALOHA". https://www.theworldaloha.com/world/mesopotamia.

"The Early Dynastic Period in Ancient Mesopotamia". 14 oct. 2019, https://brewminate.com/the-early-dynastic-period-in-ancient-mesopotamia/.

"Mesh-ki-ang-gasher Biography - Sumerian ruler priest of Inanna". https://pantheon.world/profile/person/Mesh-ki-ang-gasher.

"Meshkiangasher - Wikipedia". https://en.wikipedia.org/wiki/Meshkiangasher.

"Enmerkar | Mesopotamian hero | Britannica". https://www.britannica.com/biography/Enmerkar.

"Enmerkar - Wikipedia". https://en.wikipedia.org/wiki/Enmerkar.

"Enmerkar: Legendary Sumerian Founder and Ruler of Uruk and Grandson of God Utu". 23 mar. 2020, https://www.ancientpages.com/2020/03/23/enmerkar-legendary-sumerian-founder-and-ruler-of-uruk-and-grandson-of-god-utu/.

"Enmerkar and the Lord of Aratta | Mesopotamian Gods & Kings". http://www.mesopotamiangods.com/enmerkar-and-the-lord-of-aratta/.

"Enmerkar and the Lord of Aratta - TheAlmightyGuru". 28 abr. 2020, http://www.thealmightyguru.com/Wiki/index.php?title=Enmerkar_and_the_Lord_of_Aratta.

"Enmerkar - Bible History". https://bible-history.com/links/enmerkar-2556.

"Gilgamesh | Epic, Summary, & Facts | Britannica". https://www.britannica.com/topic/Gilgamesh.

"Gilgamesh - World History Encyclopedia". 29 mar. 2018, https://www.worldhistory.org/gilgamesh/.

"Gilgamesh - Wikipedia". https://en.wikipedia.org/wiki/Gilgamesh.

"The Myth of Gilgamesh, Hero King of Mesopotamia - ThoughtCo". 20 ago. 2019,
https://www.thoughtco.com/gilgamesh-4766597.

"Epic of Gilgamesh - Ancient Texts".
http://www.ancienttexts.org/library/mesopotamian/gilgamesh/.

"The Epic of Gilgamesh | World Epics - Columbia University".
https://edblogs.columbia.edu/worldepics/project/gilgamesh/.

"What the Bible says about Gilgamesh".
https://www.bibletools.org/index.cfm/fuseaction/Topical.show/RTD/CGG/ID/775/Gilgamesh.htm.

"BBC NEWS | Science/Nature | Gilgamesh tomb believed found". 29 abr. 2003,
http://news.bbc.co.uk/2/hi/science/nature/2982891.stm.

"Gilgamesh | Essay | The Metropolitan Museum of Art | Heilbrunn Timeline". https://www.metmuseum.org/toah/hd/gilg/hd_gilg.htm.

"Queen Kubaba: The Tavern Keeper Who Became the First Female Ruler in History". 23 feb. 2021, https://www.discovermagazine.com/planet-earth/queen-kubaba-the-tavern-keeper-who-became-the-first-female-ruler-in-history.

"Brooklyn Museum: Kubaba".
https://www.brooklynmuseum.org/eascfa/dinner_party/heritage_floor/kubaba.

"All Hail the Divine Ruler, Queen of Kish - ThoughtCo". 30 may. 2019,
https://www.thoughtco.com/kubaba-a-queen-among-kings-121164.

"Kubaba | Anatolian deity | Britannica".
https://www.britannica.com/topic/Kubaba.

"Queen Kubaba: The Tavern Keeper Who Became the First Female Ruler in History". 08 mar. 2022, https://headtopics.com/us/queen-kubaba-the-tavern-keeper-who-became-the-first-female-ruler-in-history-24609982.

"Ku-Bau: The First Woman Ruler – Semiramis-Speaks.com". 10 dic. 2011,
http://semiramis-speaks.com/ku-bau-the-first-woman-ruler/.

"Kubaba — Google Arts & Culture".

"Kubaba (goddess) - Wikipedia".
https://en.wikipedia.org/wiki/Kubaba_(goddess).

"Kubaba - Wikipedia". https://en.wikipedia.org/wiki/Kubaba.

"Eannatum | king of Lagash | Britannica".
https://www.britannica.com/biography/Eannatum.

"People | Eannatum". https://ancientmesopotamia.org/people/eannatum.

"Eannatum - Wikipedia". https://en.wikipedia.org/wiki/Eannatum.

"King Destroys Those on his Hit List, One by One – Eannatum: The First Conqueror". 06 mar. 2017, https://www.ancient-origins.net/history/king-destroys-those-his-hit-list-one-one-eannatum-first-conqueror-part-i-007666.

"Eannatum The Conqueror | Classical Wisdom Weekly". 28 may. 2013, https://classicalwisdom.com/politics/enemies/eannatum-the-conqueror/.

"Sumer (Eannatum) - Civilization V Customisation Wiki". 03 jun. 2016, https://civilization-v-customisation.fandom.com/wiki/Sumer_(Eannatum).

"Eannatum the Great". https://sumerianshakespeare.com/37601.html.

"Eannatum - Wikiquote". https://en.wikiquote.org/wiki/Eannatum.

"Eannatum - Bible History". https://bible-history.com/links/eannatum-2516.

"Stele of the Vultures - Ancient World Magazine". 14 ago. 2017, https://www.ancientworldmagazine.com/articles/stele-vultures/.

"Stele of the Vultures - Wikipedia". https://en.wikipedia.org/wiki/Stele_of_the_Vultures.

"Stele of the Vultures | Ancient monument, Sumer | Britannica". https://www.britannica.com/place/Stele-of-the-Vultures.

"Sumerian Stele of the Vultures: Oldest Known Historical Records Carved on Limestone". 01 sep. 2016, https://www.ancientpages.com/2016/09/01/sumerian-stele-of-the-vultures-oldest-known-historical-records-carved-on-limestone/.

"Sumerian war chariots deconstructed". 12 ene. 2012, http://sumerianshakespeare.com/84201.html.

"The Wheels of War: Evolution of the Chariot - History". https://www.historyonthenet.com/the-wheels-of-war-evolution-of-the-chariot.

"Chariot - War Mesopotamian Civilization". https://sites.google.com/site/mesopotamianwarfare/weapon-innovations-in-mesopotamia/sumer/chariot.

"A model of a Sumerian War Chariot". 14 mar. 2021, http://sumerianshakespeare.com/1273801.html.

"The Wheels of War: Evolution of the Chariot - History". https://www.historyonthenet.com/the-wheels-of-war-evolution-of-the-chariot.

"SUMERIAN TROOPS | Weapons and Warfare". 22 may. 2020, https://weaponsandwarfare.com/2020/05/22/sumerian-troops/.

"Warfare in Sumer - Wikipedia".

https://en.wikipedia.org/wiki/Warfare_in_Sumer.

"The Sumerian Military: Professionals of Weaponry and Warfare". 17 jun. 2016, https://www.ancient-origins.net/history/sumerian-military-professionals-weaponry-and-warfare-006115.

"SUMERIAN TROOPS | Weapons and Warfare". 22 may. 2020, https://weaponsandwarfare.com/2020/05/22/sumerian-troops/.

"Ancient Mesopotamian Warfare | Akkad and Sumer". https://sites.psu.edu/ancientmesopotamianwarfare/.

Capítulo 9

"9 Ancient Sumerian Inventions That Changed the World - HISTORY". 01 ago. 2019, https://www.history.com/news/sumerians-inventions-mesopotamia.

"Top 10 Sumerian Inventions and Discoveries - Ancient History Lists". 20 nov. 2019, https://www.ancienthistorylists.com/mesopotamia-history/top-10-sumerian-inventions-followed-many-civilizations/.

"Razor - Wikipedia". https://en.wikipedia.org/wiki/Razor.

"Who Were the Ancient Sumerians? | Discover Magazine". 10 nov. 2020, https://www.discovermagazine.com/planet-earth/who-were-the-ancient-sumerians-and-what-are-they-known-for.

"History of the Sumerians: The 'First' of the Mesopotamians". 06 dic. 2019, https://www.realmofhistory.com/2019/12/06/sumerians-first-mesopotamian/.

"What are some of the other things the Sumerians invented?". https://ask.mrdonn.org/meso/43.html.

"The History of Wet Shaving - OriginalShaveCompany.com". 22 mar. 2016, https://originalshavecompany.com/the-history-of-wet-shaving/.

Capítulo 10

"Sumerian Myths - Grand Valley State University". https://faculty.gvsu.edu/websterm/SumerianMyth.htm.

"Sumerian creation myth - Wikipedia". https://en.wikipedia.org/wiki/Sumerian_creation_myth.

"Sumerian Mythology Index - sacred-texts.com". https://www.sacred-texts.com/ane/sum/.

"Death and Afterlife in Sumerian Beliefs - Ancient Pages". 12 may. 2017, https://www.ancientpages.com/2017/05/12/death-and-afterlife-in-sumerianbeliefs/.

"What Is Sumerian Mythology? | Only Slightly Biased". https://onlyslightlybiased.com/what-is-sumerian-mythology.

"Sumerian creation myth | Religion Wiki | Fandom". https://religion.fandom.com/wiki/Sumerian_creation_myth.

"Mesopotamian Creation Myths | Essay | The Metropolitan Museum of Art". https://www.metmuseum.org/toah/hd/epic/hd_epic.htm.

"Eridu Genesis - World History Encyclopedia". 07 may. 2020, https://www.worldhistory.org/Eridu_Genesis/.

"CREATION MYTHS – AKKADIAN – BABYLONIAN – SUMERIAN - lc5827wdp". 05 abr.

2013, https://lc5827wdp.wordpress.com/2013/04/05/creation-myths-akkadian-babylonian-sumerian-april-2013/.

"Inanna: A Sneak Peek into the Rebel Ancient Sumerian Goddess". https://www.timelessmyths.com/mythology/inanna/.

"Sumerian Gods & Goddesses - Transcendence Works!".

""Sumerian Mythology and the Controversy That Surrounds the Anunnaki".

"The origins of human beings according to ancient Sumerian texts". 26 feb. 2019

https://www.ancient-origins.net/news-human-origins-folklore/origins-human-beings-according-ancient-sumerian-texts-0065

"Ancient Mesopotamian Gods and Goddesses - An/Anu (god)". http://oracc.museum.upenn.edu/amgg/listofdeities/an/.

"Anu | Mesopotamian god | Britannica". https://www.britannica.com/topic/Anu.

"Ninhursag - Wikipedia". https://en.wikipedia.org/wiki/Ninhursag.

"Ninhursag - World History Encyclopedia". 26 ene. 2017, https://www.worldhistory.org/Ninhursag/.

"Ninhursag | Mesopotamian deity | Britannica". https://www.britannica.com/topic/Ninhursag.

"Enlil - World History Encyclopedia". 24 ene. 2017, https://www.worldhistory.org/Enlil/.

"Enlil - Wikipedia". https://en.wikipedia.org/wiki/Enlil.

"Enlil - Mesopotamian God of Wind and Breath | Mythology.net". 31 oct. 2016, https://mythology.net/others/gods/enlil/.

"Ancient Mesopotamian Gods and Goddesses - Enlil/Ellil (god)".
http://oracc.museum.upenn.edu/amgg/listofdeities/enlil/index.html.

"Enki - Wikipedia". https://en.wikipedia.org/wiki/Enki.

"Enki - World History Encyclopedia". 09 ene. 2017,
https://www.worldhistory.org/Enki/.

"Who was the Sumerian God Enki? | Gaia". 29 nov. 2019,
https://www.gaia.com/article/who-was-sumerian-god-enki.

"Enki & Enlil - Annunaki". https://www.annunaki.org/enki-enlil/.

"Enki and the world order: translation - University of Oxford".
https://etcsl.orinst.ox.ac.uk/section1/tr113.htm.

"Enki and the World Order (Version 1) - Mesopotamian Gods".
http://www.mesopotamiangods.com/enki-the-world-order-version-1/.

"Enki and the World Order - Earth-history". https://earth-history.com/Sumer/enki-worldorder.htm.

"Myth, Ritual, and Order in Enki and the World Order".
https://www.academia.edu/14523257/Myth_Ritual_and_Order_in_Enki_an
d_the_World_Order

www.ingramcontent.com/pod-product-compliance
Lightning Source LLC
LaVergne TN
LVHW051744080426
835511LV00018B/3216